살아있는 수학 활동 시리즈 1

계산기로 하는 초등학교 수학

장경윤·이화영·김양권·임영빈 지음

KYOWOOSA 교우사

머리말

수학의 역사에서 인도-아라비아 숫자와 계산도구(주판)의 발명은 복잡한 계산을 루틴으로 만들었다는 점에서 대단한 사건이다. 그런데 이는 세계사에서 주요 흐름을 바꾼 사건이기도 하다. 새로운 숫자와 10씩 세는 수 체계를 차용한 상인들은 계산 능력에 있어서 매우 월등한 지위에 있게 되었으며 계산도구는 이들의 우위를 더욱 가속화시켰다. 이제 상인들을 관심을 무역과 교역 자체에 집중하여 보다 많은 이윤을 남길 수 있게 된 것이다.

16세기 이후 새로 등장한 강력한 계산도구가 계산기와 컴퓨터이다. 계산기나 컴퓨터와 같은 공학도구의 발달은 수학 교육에도 도전과 변화의 흐름을 가져왔다. 그리고 그 도전과 변화의 방향은 교육 방법의 변화를 넘어 교육의 목표와 내용, 계열, 접근 방식에도 영향을 미친다. 이제 휴대전화에서도 계산기가 도구로 제공되는 상황에서 계산기를 배제한 수학이 과연 누구에게 필요한 것일까?

수학의 핵심은 수학적 사고와 문제해결이며 계산기는 이를 위한 도구이다. 그러므로 수학교육의 주요 목적도 수의 조작을 통한 사칙 계산 기능의 숙달이 아니라 수학적 사고와 문제해결력의 신장이 되어야 한다. 현재 우리가 사는 정보화 사회에서 수학 수업의 초점이 절차적 지식의 습득보다 수학적 사고 능력과 문제해결력 향상에 맞추어져야 한다는 주장이 힘을 얻으면서 수학 수업에서의 공학도구 사용이 점차 주목을 받고 있다. 계산기 사용은 수학 내용에 접근하는 방식을 달리 할 수 있다. 또 지금까지 학생들이 다룰 수 없었던 새로운 내용에도 접근을 용이하게 한다.

이 책은 초등학교 수준에서 수학을 살아 숨 쉬는 대상으로 학습하기 위한 활동을 담고 있다. 이 책에 수록된 활동은 일부를 제외하고 대부분의 활동이 사칙연산 중심의 계산기 사용을 전제로 하고 있으며, 계산기 자체의 역량, 수학적 개념의 학습, 그리고 실제 문제 상황에서 이 개념의 응용을 연결하기 위하여 개발되었으며, 학생의 자발적인 참여가 가능하도록 각 활동을 구성하였다.

수학학습에서 계산기가 유용한 상황들은 다음과 같다.

- 어림이나 대략적인 계산 결과의 예측은 수학적 사고를 위한 핵심 능력으로 문제해결 뿐 아니라 결과의 타당성을 검증하는데 필요한 중요한 아이디어이다. 계산기는 일상 또는 문제 상황에서 대략적인 값을 어림하고 즉각적으로 답을 확인 할 수 있게 함으로써 학생들의 어림 능력과 수감각(number sense) 향상을 가능하게 한다. 특히 계산 결과의 어림 능력은 지필 또는 계산기의 조작 실수로 빚어진 어처구니 없는 답을 학생들이 아무런 생각 없이 수용하게 되는 상황을 방지한다.

- 계산기는 학생들로 하여금 실질적인 문제를 해결하고 수학의 여러 영역 간 또는 수학과 다른 교과와의 연결을 용이하게 한다. 계산기는 복잡하고 긴 계산 때문에 특정 문제 해결에 접근조차 할 수 없었던 학생들을 수학적 활동에 참여하도록 돕는다. 계산기의 사용으로 학생들은 문제해결을 위하여 어떤 정보가 필요한 지, 어떤 연산이 필요한 지, 어떤 전략이 유용한 지, 답이 합리적인 지에 보다 주목할 수 있다. 계산기의 적절한 활용은 살아 움직이는 수학적 경험을 우리에게 제공한다.

- 규칙이나 패턴 찾기는 귀납추론의 핵심이다. 계산기는 수와 연산과 관련하여 학생들에게 귀납추론의 기회를 제공한다. 교사의 설명에 앞서 학생들은 연산의 방식이나 연산 사이의 관계를 추측하고 이를 확인하여 학습으로 연결할 수 있다. 이는 지필환경에서는 가능하지 않은 접근 방식이다. 예를 들어 혼합 계산의 규칙을 먼저 제시하는 대신 계산기의 결과에서 규칙을 발견하고 이를 확인하면서 학생들을 적극적인 학습에 참여하게 할 수 있다.

- 계산기 사용은 학생들이 분수 개념을 이해하도록 돕는다. 일상적으로 계산기는 $\frac{1}{3}$을 $1 \div 3$로 입력하게 하고 그 값을 0.3333333으로 나타내 보여준다. 분수와 소수 사이의 관계가 자연스럽게 드러나는 셈이다.

- 학습은 '배우고 익히는 과정'이다. 특히 연산과 관련하여 학생들은 간단한 기본 계산을 익히고 수학적 개념을 탐구하고 확장하면서 이를 문제해결에 활용할 수 있게 된다. 계산기는 배우고 익히고 탐구하고 다양한 유형의 활동을 제공하는 데 유용하다.

이 책은 초등학교 수준에서 다루는 수학적 사고를 세 가지 유형(탐구형, 문제형, 게임형)의 활동으로 구성하여 제시하였다. 또 활동 개요는 별지로, 교사용 답안은 부록으로 첨부하였다.

이 책은 편집과 구성 단계에서 초등학생들이 친근하게 수학을 만날 수 있도록 여러 삽화와 아이콘을 삽입하였다. 이 책에 생동감을 불어넣어 준 시각적 아이콘과 삽화는 현장교사 저자들(이화영 박사, 임영빈, 김양권 선생님)과 김은우 어린이(고양 신원초등학교, 2학년)의 아이디어와 재능이 만들어 낸 순수 창작물임을 밝혀 둔다.

이 책의 출판이 미래의 희망인 우리 어린이들, 이들을 가르치는 현장 교사와 예비 교사들, 그리고 초등 수학 지도에 관심이 있는 학부모들에게, 수학을 지루한 계산이 아니라 문명의 발달을 이끌었던 살아 숨 쉬는 강력한 도구로 만나는 계기가 되기를 기원하며, 출판을 허락하신 교우사 오판근 사장님과 편집진에게 감사의 마음을 전한다.

2014. 9.

장 경 윤

3. 사칙 혼합 계산

4. 자릿값

5. 어림

6. 규칙성

7. 연산 추론

8. 수의 성질

9. 소수 계산

10. 비와 비율

활동의 개요

이 책에 제시된 활동은 초등학교 수준 수학의 10개 내용 영역에 문제, 게임, 탐구의 세 가지 유형으로 구분할 수 있다. 이 책에 수록된 활동 개요를 도표화하였다.

계 산 기 사용연습	(1) 기본계산 / (2) 반복계산 / (3) 소수와 분수 / (4) 계산기 유형 확인하기		
유형 / 내용 영역	**탐구형**	**문제형**	**게임형**
덧셈과 뺄셈	자리 바꾸어 더하기 수 배열하기 마방진을 완성하자 도전! 덧셈퍼즐 도전! 뺄셈퍼즐 고장난 계산기	덧셈식을 만들어요 뺄셈식을 만들어요 지름길을 찾아라!	사다리타기 덧셈 게임 삼목 게임 보물 모으기 과일 사는 방법
곱셈과 나눗셈	두 가지 식으로 계산하기 (1) 두 가지 식으로 계산하기 (2) 0이 들어간 곱셈 (1) 0이 들어간 곱셈 (2) 암호로 된 쪽지 답이 가장 작은 곱셈은? 답이 가장 큰 곱셈은? 어느 것이 클까? 임금님의 꽃밭	뺄셈에서 곱셈식을 찾아라 빈칸에 어떤 수가 들어갈까?	나눗셈 비교하기 게임
사칙 혼합 계산	역시 순서가 중요해 괄호는 왜 쓰지?	야구 성적 구하기 지금은 할인 행사 중!	혼자하는 0만들기 게임
자릿값			0으로 바꾸기 게임 0으로 바꾸기 모둠 게임 남는 건 모두 내꺼!
어림하기	어림셈 공평하게 팀을 나눕시다!	직사각형의 넓이 추측하기 소수 뺄셈 어림하기	곱셈 어림 게임 큰 수 어림하기 나눗셈 어림하기

패턴 찾기	나는 천재 마술사! 9의 마술 피라미드 수 (1) 피라미드 수 (2) 마법의 11 큰 수도 계산기에 나타날까?		나는 명탐정
연산 추론	1000만들기 6개의 버튼 엎질러진 우유 계산기가 되어보자(1) 내가 만든 가장 큰 수는? 숫자키 5만 제대로 눌러지네? 네 개의 4로 10만들기 계산기가 되어 보자(2)	금고를 열어라!	
수의 비밀	달력의 비밀 바꾸어 곱해도 답이 같을까? 신기한 달력 속 날짜 어느 수가 더 클까? 구두쇠 영감의 후회		
소수	숨바꼭질 매의 눈	소수 덧셈 어림하기 계산 결과는? 외국에서 쇼핑하기	보물찾기 놀이 소수 곱셈 배열 게임 소수 곱셈 게임
비와 비율	샐러드를 만들어요 오히려 전화위복! 외국인 관광객쇼핑	운동화 쇼핑 백화점 세일	김치 담기

이 책의 사용설명서

이 책은 사칙연산이 가능한 기본계산기 사용을 전제로 하는 수학적 활동 모음집으로 저술되었으며, 활동은 탐구형, 문제형, 게임형의 3가지 유형으로 구분하여 개발되었다.

가) 각 활동지의 유형은 다음과 같이 제목 부분에 사용된 그림틀로 구분할 수 있다.

탐구형 활동

탐구형 활동은 제목 부분에 이 그림틀을 사용하였으며, 학생이 개별적으로 혹은 다른 학생들이나 교사가 함께 주어진 활동을 함으로써 사칙 연산의 원리, 어림 등을 탐구하도록 구성하였다.

문제형 활동

문제형 활동은 제목 부분에 이 그림틀을 사용하였으며, 주어진 문제를 계산기를 사용하여 해결하면서 수의 규칙성, 연산 추론, 연산의 기본 성질 등을 탐구할 수 있도록 하였다.

게임형 활동

게임형 활동은 제목 부분에 이 그림틀을 사용하였으며, 학생이 혼자 또는 짝이나 모둠 학생들이 함께 계산기를 사용하여 게임에 몰두하는 동안 자릿값의 개념, 수의 합성과 분해, 어림 등 다양한 수학 개념을 접하고 활용할 수 있도록 하였다.

나) 이 책에서 설명이나 문제 제시에 사용된 아이콘도 다음과 같이 활동유형에 따라 구분하였다.

- 게임형에서 게임 방법을 설명하거나 활동을 제시할 때,
- 탐구형에서 상황을 설명하거나 활동을 세시할 때,
- 문제형에서 상황을 제시할 때,
- 부가적으로 활동이나 문제를 제시할 때,

다) 그 외에…

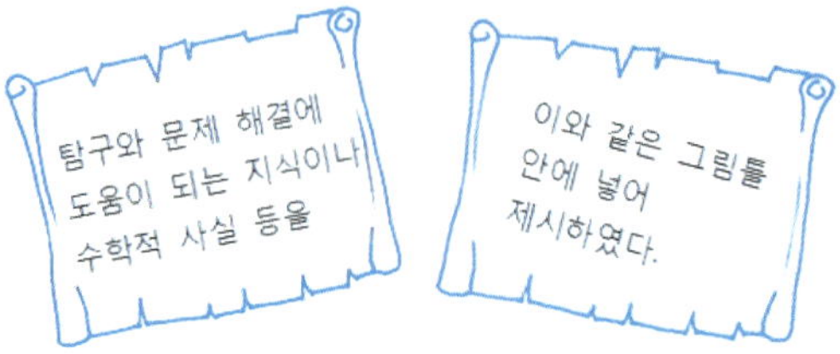

교사용 답안이 이 책의 부록으로 첨부되어 있다. 교사용은 학생용 활동지에 정답을 써넣은 형태로 되어 있으며, 특별히 참고사항이 있는 경우 설명을 첨부하였다.

(가) 그림에 나타난 바와 같이, 교사용 상단 띠(그림의 (1))에는 차례로 그 활동의 내용영역(세부내용), 활동 주제, 그리고 그 활동에 적합한 학년 수준을 아이콘으로 ①②③❹❺❻과 같이 표시하였다.

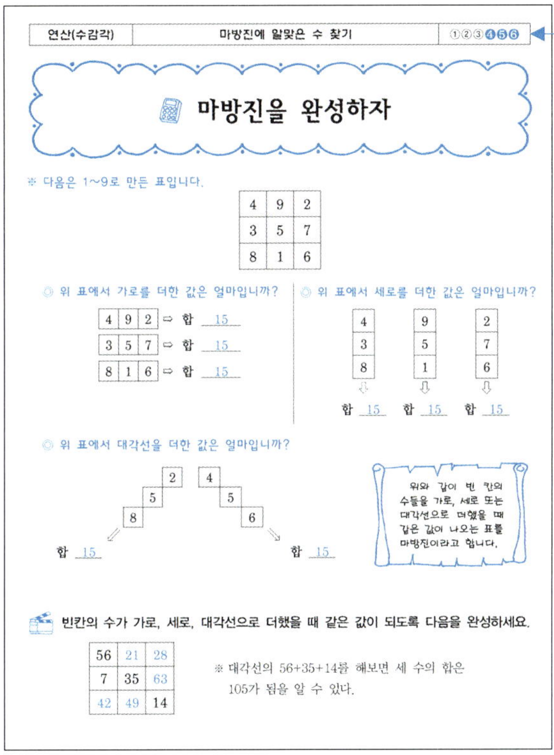

연산(수감각)	마방진에 알맞은 수 찾기	①②③❹❺❻

마방진을 완성하자

※ 다음은 1~9로 만든 표입니다.

4	9	2
3	5	7
8	1	6

◎ 위 표에서 가로를 더한 값은 얼마입니까?

4 9 2 ⇨ 합 15
3 5 7 ⇨ 합 15
8 1 6 ⇨ 합 15

◎ 위 표에서 세로를 더한 값은 얼마입니까?

4 3 8 ⇩ 합 15
9 5 1 ⇩ 합 15
2 7 6 ⇩ 합 15

◎ 위 표에서 대각선을 더한 값은 얼마입니까?

2 5 8 합 15
4 5 6 합 15

위와 같이 빈 칸의 수들을 가로, 세로 또는 대각선으로 더했을 때 같은 값이 나오는 표를 마방진이라고 합니다.

빈칸의 수가 가로, 세로, 대각선으로 더했을 때 같은 값이 되도록 다음을 완성하세요.

56	21	28
7	35	63
42	49	14

※ 대각선의 56+35+14를 해보면 세 수의 합은 105가 됨을 알 수 있다.

(1) "이 활동은 3, 4, 5학년 수준에 적합함."

(2) 정답

(나) 이 책의 활동을 위해서는 사칙연산이 가능한 가장 기본적인 계산기이면 된다. 핸드폰을 이용할 수도 있다. 다음 질문에 대한 답으로 계산기 사용에 앞서 계산기에 내장된 연산 논리를 확인할 필요가 있다.

질문 $1+2\times3$의 값이 얼마인가?

답 A형: $1+2\times3=7$ vs. B형: $1+2\times3=9$

거의 대부분의 계산기는 값을 7로 내는 A형이다. (그러나 만일, 계산기에서 답이 9가 나오는 경우에, 이 책의 사칙혼합계산 일부 활동이 제한된다.)

(다) 활동을 위한 계산기 활용 여부와 정도는 활동지의 지문을 참조하여 교사가 적절히 정할 수 있다.

계산기사용 연습(1)

기본 계산

계산기 켜기/ 끄기

계산기 켜기 : [ON] 또는 [AC]를 눌러봅시다.

계산기 끄기 : [OFF] 를 누릅니다.

입력 수정하기

방금 입력한 것을 지우고 새로 입력하려면 [C] 또는 [AC]를 누릅니다.

✐ 계산기의 버튼을 다음과 같은 순서로 눌러 결과를 적어봅시다[1].

[2][+][4][=] ______	[7][+][3][=] ______	[2][1][+][3][6][=] ______
[1][2][−][5][=] ______	[8][3][−][2][9][=] ______	[1][3][2][−][8][7][=] ______

✐ 다음 식을 계산기에 입력하여 결과를 적어봅시다[2].

$3+4+7=$ ______	$3\times(7+9)=$ ______	$21-4-7=$ ______
$31-5-17=$ ______	$3\times5\times4=$ ______	$40\div(5+3)=$ ______

1) 확인 : 왼쪽부터 차례대로 6, 10, 57, 7, 54, 45
2) 확인 : 왼쪽부터 차례대로 14, 48, 10, 9, 60, 5

반복 계산

같은 수를 반복하여 더하기

- 3 [+] 2 [+] 2 [+] 2를 해 보세요. 얼마입니까? ________
- 3 [+] 2 [=] [=] [=]를 해 보세요.

  3 [+] 2 [=]은 얼마입니까? ________

  곧이어 [=]을 눌러보세요. 얼마입니까? ________

  또 [=]을 눌러보세요. 얼마입니까? ________

이와 같이, 계산기에서는 같은 수를 반복하여 더하거나 빼거나 곱하거나 나눌 때 [=]를 입력하면 방금 입력한 연산키와 숫자가 반복하여 실행되도록 약속되어 있답니다.

예를 들어, 24-3-3-3-3을 한다면, 계산기에 24 [-] 3[=] [=] [=] [=]을 하면 되겠지요.

✐ 다음 식을 [=][=][=]…을 이용하여 입력하여 보고 결과를 적어봅시다[3].

$4+3+3+3=$ ______ $12+5+5+5+5+5=$ ______ $20-5-5-5-5=$ ______

$2\times2\times2\times2=$ ______ $3\times3\times3\times3=$ ______ $3\times2\times2\times2\times2=$ ______

3) 확인 : 13, 37, 0, 16, 81, 48

소수와 분수

소수 나타내기

0.5를 나타낼 때에는 [0][.][5]를 입력하거나 [.][5]를 입력하면 됩니다.

0.005를 나타낸다면 [0][.][0][0][5]를 입력하거나 [.][0][0][5]를 입력하면 됩니다.

✐ 다음을 계산기에 입력하여 결과를 적어봅시다[4].

[.][2][+][.][3][=]______ [.][1][+][.][0][1][=]______

[3][+][.][5][=]____ [3][.][2][+][.][8][=] ____ [4][0][×][.][8][=]____

분수값 계산하기

$\frac{1}{10}$은 [1][÷][1][0]을 입력합니다. 계산기 화면에는 0.1로 나타납니다.

즉, 분수 $\frac{1}{10}$은 소수 0.1과 같은 값입니다.

$\frac{2}{5}$ = [2][÷][5] = 0.4

$\frac{1}{4}$ = [1][÷][4] = 0.25

✐ 다음 분수의 값을 계산기에 입력하여 소수로 나타내어 봅시다[5].

$\frac{4}{25}=$ $\frac{1}{8}=$

4) 확인 : 0.5, 0.11, 3.5, 4.0, 32

5) 확인 : 0.16, 0.125

계산기 유형 확인하기

내 계산기 유형을 확인해보세요.

- 계산기 버튼을 눌러 1+2×3의 값을 구하세요.

____

- 계산기 화면에 나타난 결과는, 다음 두 가지 중 하나입니다.

입력	결과	유형
1+2×3=	7	→ A형
1+2×3=	9	→ B형

왜 같은 식을 입력했는데 계산기에 따라서 계산 결과가 다르게 나타나는 것일까요? 그것은 계산기마다 내장된 연산논리가 다음과 같이 다르기 때문입니다. A형 계산기는 수학의 규칙을 따라서 2×3을 먼저 계산하여 답이 7인 반면, B형 계산기는 입력된 순서대로 계산한 결과를 답으로 낸 것입니다.

휴대폰 계산기, 컴퓨터 내장 계산기, 수학 학습용, 공학용 계산기 대부분의 계산기는 A형입니다. 그러나 저렴한 일부 계산기 중에 B형 계산기가 있습니다. B형 계산기의 경우 이 책에 수록된 대부분의 활동은 어려움이 없으나, 사칙혼합연산의 일부 활동이 제한될 수 있습니다.

확인: 내 계산기는 A형입니까? ____________

덧셈과 뺄셈

- 자리 바꾸어 더하기
- 사다리타기 덧셈 게임
- 덧셈식을 만들어요
- 뺄셈식을 만들어요
- 수 배열하기
- 삼목게임
- 보물 모으기
- 과일 사는 방법
- 마방진을 완성하자
- 지름길을 찾아라!
- 도전! 덧셈 퍼즐
- 도전! 뺄셈 퍼즐
- 고장난 계산기

이름 ______________

자리 바꾸어 더하기

다음 문제를 완성하세요. 필요하면 계산기를 사용하여도 됩니다.

1 $3 + 2 =$ ______

$2 + 3 =$ ______

2 $12 + 9 =$ ______

$9 + 12 =$ ______

3 $23 + 24 =$ ______

$24 + 23 =$ ______

4 $28 + 34 =$ ______

$34 + 28 =$ ______

5 $92 + 136 =$ ______

$136 + 92 =$ ______

알게 된 점은 무엇입니까?

이름 ____________________

사다리타기 덧셈 게임

필요한 것 계산기 1개, 게임인원 4명

- **게임 목표** 세 수 덧셈하기
- **게임 방법**

① 가위 바위 보를 하여 순서를 정한다.

② 이긴 순서대로 아래의 사다리 중 하나를 선택하여 타고 내려가면서 나온 수들을 더한다.

③ 덧셈 결과가 가장 큰 사람이 이긴다.

사다리 타기 방법

위에서부터 가장 아래까지 내려갑니다. 가다가 교차점을 만나면 반드시 방향을 꺾어서 가야 합니다.

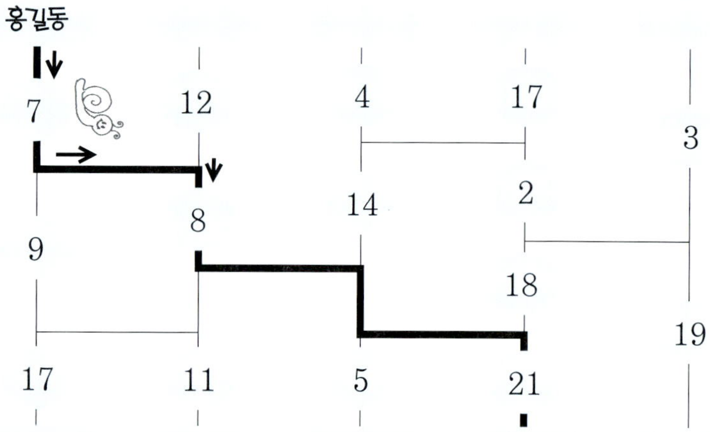

- **위의 사다리타기의 순서대로 덧셈식을 쓰고 계산하세요.**

홍길동	7	+	8	+	21	=	
		+		+		=	
		+		+		=	
		+		+		=	
		+		+		=	

이름 ____________________

덧셈식을 만들어요

다음 덧셈식이 바르게 되도록 35, 9, 8, 10, 15 만을 빈 칸에 넣어 식을 완성하세요. 필요하면 계산기를 사용하여도 됩니다.

____ + ____ = 17	____ + ____ = 24
____ + ____ = 50	____ + ____ = 45
____ + ____ = 19	____ + ____ = 18
____ + ____ = 43	____ + ____ = 44
____ + ____ = 23	____ + ____ = 25

이름 ______________

뺄셈식을 만들어요

다음 뺄셈식이 바르게 되도록 15, 8, 6, 5, 3 만을 빈 칸에 넣어 식을 완성하세요. 필요하면 계산기를 사용하여도 됩니다.

____ − ____ = 1   ____ − ____ = 2

____ − ____ = 2   ____ − ____ = 3

____ − ____ = 3   ____ − ____ = 5

____ − ____ = 7   ____ − ____ = 10

____ − ____ = 9   ____ − ____ = 12

____ − 3 = ____   ____ − 7 = ____

이름 ______________________

수 배열하기

다음은 조건에 따라 1, 2, 3, 5, 6, 7를 배열한 예입니다.

조건

- 가로로 더하면 12로 같습니다.
- 세로로 더하면 8로 같습니다.

1	6	5	1+6+5=12
7	2	3	7+2+3=12
1+7=8	6+2=8	5+3=8	

3	7	2	3+7+2=12
5	1	6	5+1+6=12
3+5=8	7+1=8	2+6=8	

위와 같은 방법으로 다음의 숫자들을 여러 가지 방법으로 배열하여 보세요.

2, 4, 8, 12, 16, 18

조건
① 가로 합 :
② 세로 합 :

가로 합

세로 합			

6, 9, 12, 18, 21, 24

조건
① 가로 합 :
② 세로 합 :

가로 합

세로 합			

이름 ____________

삼목 게임

필요한 것 주사위 3개, 바둑돌, 연필

게임 목표 주사위 3개를 던져 나온 세 수를 더하거나 빼어 나온 결과값에 말을 놓아 세 개의 말을 연속으로 놓기(삼목)

게임 방법

① 2명이 번갈아 가면서 게임을 한다.

② 3개의 주사위를 던져서, 나타난 눈의 수를 더하거나 빼거나 하여, 마음에 드는 쪽의 답에 자기 말을 놓는다. 예를 들어, 6, 5, 3의 눈이 나왔을 때, 6+5+3=14, 6−5+3=4, 5+3−6=2, 6+5−3=8 중에서 마음에 드는 수를 선택하여 바둑돌을 놓는다.

③ 세로나 가로나 대각선으로 세 개의 말을 연속으로(삼목) 먼저 놓는 사람이 이긴다.

0	5	7	13	15	2	4	7
6	9	3	6	1	12	17	5
1	15	17	10	9	8	16	6
7	8	6	12	14	7	9	10
9	18	16	13	2	3	0	18
4	2	11	17	1	15	7	2
15	6	14	8	18	4	5	11
10	9	3	5	12	16	8	9

게 임 판

0	5	7	13	15	2	4	7
6	9	3	6	1	12	17	5
1	15	17	10	9	8	16	6
7	8	6	12	14	7	9	10
9	18	16	13	2	3	0	18
4	2	11	17	1	15	7	2
15	6	14	8	18	4	5	11
10	9	3	5	12	16	8	9

이름 ________________

보물 모으기

※ 여러분은 지금 온라인으로 친구들과 컴퓨터로 〈보물 모으기〉 게임을 하고 있습니다. 〈보물 모으기〉는 탐험가가 탐험로를 따라 이동하면서 주어진 보물(점수)을 모아 도착지점까지 왔을 때 10000점을 모으는 길을 찾아내는 게임입니다.

필요한 것 계산기, 게임인원 2~4명

◕ **게임 목표** 10000 만드는 길 먼저 찾아가기

◕ **게임 방법**

① 길 위에 있는 수를 더합니다.
② 도착지점에서 10000점을 모으는 길을 찾습니다.
③ 길을 먼저 찾는 사람이 승리합니다.
④ 한 번 간 길은 다시 갈 수 없습니다.

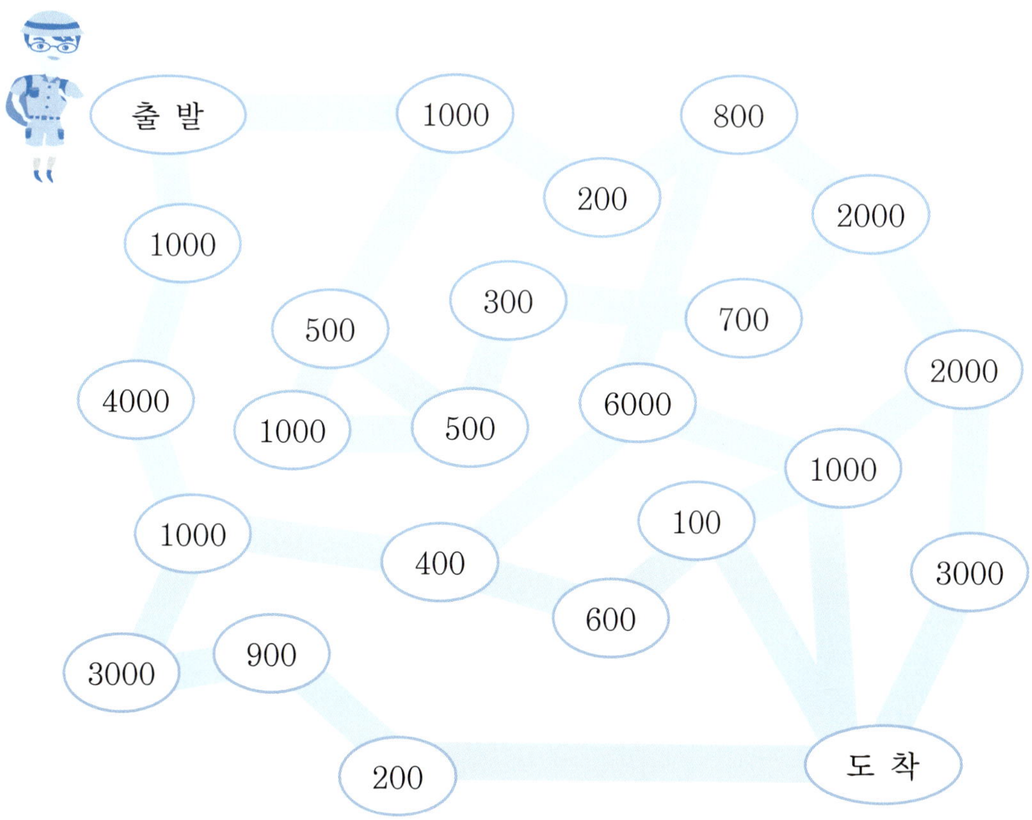

이름 ______________

과일 사는 방법

과일값으로 16800원을 지불했습니다. 어떻게 과일을 샀을지 화살표(⇨, ⇩)에 색칠을 하여 과일을 산 방법을 있는 대로 찾아보세요.

힌 트

① 답은 여러 가지가 있습니다.
② 백의 자리에 주목하세요.

시 작 0원	⇨	키위 1500원	⇨	바나나 4500원
⇩		⇩		⇩
배 4000원	⇨	토마토 2800원	⇨	사과 5600원
⇩		⇩		⇩
수박 7900원	⇨	파인애플 8500원	⇨	귤 4000원
⇩		⇩		⇩
복숭아 1900원	⇨	포도 3000원	⇨	전체 과일값 16800원

이름 ____________

마방진을 완성하자

※ 다음은 1~9로 만든 표입니다.

4	9	2
3	5	7
8	1	6

◎ 위 표에서 가로를 더한 값은 얼마입니까?

4 9 2 ⇨ 합 ____

3 5 7 ⇨ 합 ____

8 1 6 ⇨ 합 ____

◎ 위 표에서 세로를 더한 값은 얼마입니까?

4 3 8 ⇩ 합 ___

9 5 1 ⇩ 합 ___

2 7 6 ⇩ 합 ___

◎ 위 표에서 대각선을 더한 값은 얼마입니까?

2 5 8 ⇙ 합 ___

4 5 6 ⇘ 합 ___

위와 같이 빈 칸의 수들을 가로, 세로 또는 대각선으로 더했을 때 같은 값이 나오는 표를 **마방진**이라고 합니다.

빈칸의 수가 가로, 세로, 대각선으로 더했을 때 같은 값이 되도록 다음을 완성하세요.

56		
7	35	
		14

이름 ________________

지름길을 찾아라!

다음은 준서네 집에서 학교까지 가는 길입니다. 준서는 매일매일 어떤 길로 가야 할지 고민이 많습니다. 학교까지 가는 가장 짧은 길에 색칠하세요.

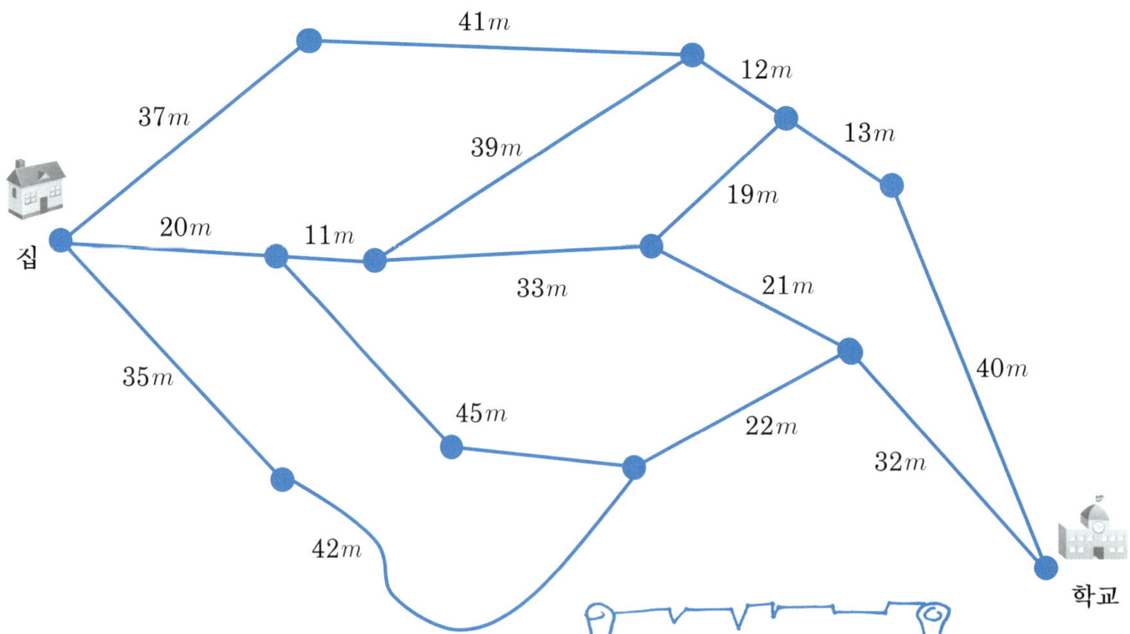

갈 수 있는 여러 가지 길의 거리를 계산기로 계산해 보세요.

이름 ____________

도전! 덧셈 퍼즐

0부터 9까지 카드가 한 장씩 있습니다. 보 기 와 같이 □안에 서로 다른 카드를 넣어 덧셈식이 바르게 되도록 해 봅시다.

보 기

$$\begin{array}{r} 12 \\ +\ 74 \\ \hline 86 \end{array}$$

1

$$\begin{array}{r} \square\square \\ +\ \square\square \\ \hline \square\square \end{array}$$

2

$$\begin{array}{r} \square \\ +\ \square\square \\ \hline \square\square \end{array}$$

3

$$\begin{array}{r} \square\square \\ +\ \square\square\square \\ \hline \square\square\square \end{array}$$

답은 여러 가지가 있습니다. 짝의 답과 비교해 보세요.

위의 문제에서 답이 가장 큰 경우를 찾아보세요.

이름 ____________

도전! 뺄셈 퍼즐

0부터 9까지 카드가 한 장씩 있습니다. □안에 서로 다른 카드를 넣어 뺄셈의 세로셈이 바르게 되도록 해 보세요.

1

$$\begin{array}{r} \square\square \\ -\ \square\square \\ \hline \square\square \end{array}$$

2

$$\begin{array}{r} \square\square \\ -\ \ \ \square \\ \hline \square\square \end{array}$$

3

$$\begin{array}{r} \square\square\square \\ -\ \ \ \square\square \\ \hline \square\square\square \end{array}$$

답은 여러 가지가 있습니다. 짝의 답과 비교해 보세요.

위의 문제에서 답이 가장 작은 경우를 찾아보세요.

이름 ______________

고장난 계산기

오래된 계산기의 몇몇 버튼이 고장났네요. [2], [3], [+], [−], [=] 만으로 1부터 20까지의 수를 만들 수 있을까요?

1	만들기 : ______________
2	만들기 : ______________
3	만들기 : ______________
4	만들기 : ______________
5	만들기 : ______________
6	만들기 : ______________
7	만들기 : ______________
8	만들기 : ______________
9	만들기 : ______________
10	만들기 : ______________
11	만들기 : ______________
12	만들기 : ______________
13	만들기 : ______________
14	만들기 : ______________
15	만들기 : ______________
16	만들기 : ______________
17	만들기 : ______________
18	만들기 : ______________
19	만들기 : ______________
20	만들기 : ______________

곱셈과 나눗셈

이름 ____________

두 가지 식으로 계산하기 (1)

다음 그림을 보고 모두 몇 개인지 두 가지 식으로 구해 봅시다.

1

$4 + 4 + 4 =$ ____

$4 \times 3 =$ ____

2

$3 + 3 + 3 + 3 + 3 =$ ____

$3 \times 5 =$ ____

3

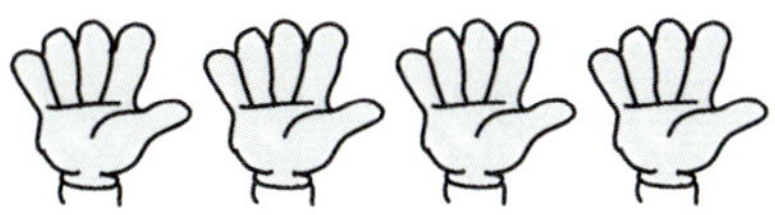

$5 + 5 + 5 + 5 =$ ____

$5 \times 4 =$ ____

4

$6 + 6 + 6 =$ ____

$6 \times 3 =$ ____

5

$2 + 2 + 2 + 2 + 2 + 2 =$ ____

$2 \times 6 =$ ____

6

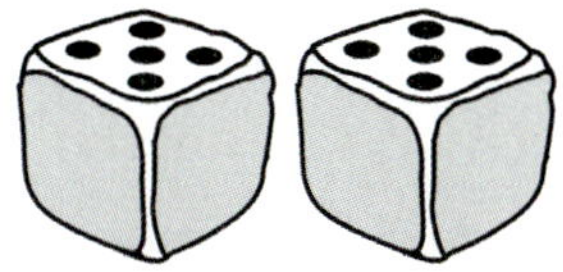

$5 + 5 =$ ____

$5 \times 2 =$ ____

이름 ____________

두 가지 식으로 계산하기 (2)

덧셈식과 곱셈식을 계산해 보세요.

80 + 80 + 80 = ____

80 × 3 = ____

두 식의 답이 같은가요? (예, 아니오)

19 + 19 + 19 + 19 = ____

19 × ___ = ____

두 식의 답이 같은가요? (예, 아니오)

같은 수끼리의 덧셈(+) 계산을 반복하여 여러 번 해야 할 때, 계산기로 덧셈하는 횟수만큼 '(더하는 수) ×(횟수)'를 입력하면 답을 쉽게 얻을 수 있어요.

덧셈식과 같아지도록 곱셈식을 쓰고 계산해 보세요.

1 4 + 4 + 4 + 4 = ____

___ × 4 = ____

2 5 + 5 = ____

___ × 2 = ____

같은 수를 여러 번 더할 때, 예를 들어, 7+7+7+7+…을 할 때, 계산기에 7 + 7 = = = … 이라고 입력해도 같은 결과가 나옵니다.

3 6 + 6 + 6 + 6 + 6 + 6 = ____

___ × ___ = ____

4 7 + 7 + 7 + 7 + 7 = ____

___ × ___ = ____

5 13+13+13+13+13+13+13+13+13= ____

13 × ___ = ____

이름 ____________

0이 들어간 곱셈(1)

곱셈을 해 봅시다. 필요하면 계산기를 사용하세요.

$2 \times 4 =$ ______ $20 \times 40 =$ ______ $200 \times 400 =$ ______

$5 \times 3 =$ ______ $50 \times 3 =$ ______ $500 \times 300 =$ ______

$7 \times 2 =$ ______ $7 \times 20 =$ ______ $700 \times 200 =$ ______

$6 \times 9 =$ ______ $60 \times 90 =$ ______ $600 \times 900 =$ ______

$4 \times 7 =$ ______ $40 \times 7 =$ ______ $400 \times 700 =$ ______

0이 들어있는 곱셈에 대한 규칙을 말해 보세요.

이름 ____________

빨셈에서 곱셈식을 찾아라!

※ 23−8의 결과 15는

$$3 \times 5 \quad 또는 \quad 5 \times 3$$

과 같이 곱셈식으로 쓸 수 있습니다.

다음 뺄셈식의 결과를 곱셈식으로 나타내어 보세요.

뺄셈식	결과	곱셈식
100 − 1	99	9 × 11
200 − 2	198	9 × (　　)
300 − 3	(　　)	9 × (　　)
400 − 4	(　　)	9 × (　　)
500 − 5	(　　)	9 × (　　)
600 − 6	(　　)	9 × (　　)

◎ 위의 규칙에 따라 아래 빈칸을 채우세요.

뺄셈식	결과	곱셈식

이름 ______________

0이 들어간 곱셈 (2)

곱셈을 해 봅시다. 필요한 경우 계산기를 사용하세요.

12 × 4 = ____	120 × 4 = ____	1200 × 40 = ____
12 × 3 = ____	120 × 30 = ____	120 × 300 = ____
11 × 6 = ____	110 × 6 = ____	110 × 600 = ____
3 × 13 = ____	30 × 130 = ____	300 × 130 = ____
14 × 6 = ____	140 × 6 = ____	1400 × 60 = ____
3 × 22 = ____	30 × 22 = ____	300 × 220 = ____

이름 ______________________

암호로 된 쪽지

암호가 적힌 쪽지가 배달되었습니다. 다음 곱셈을 계산하여 암호를 풀어보세요.

해결방법

① 먼저 곱셈식을 계산하세요.

② 문자카드 뒷면에는 숫자가 적혀있습니다. 이 숫자를 작은 것부터 순서대로 배열하면 쪽지의 암호를 해결할 수 있어요.

1 산 × 4 5 2	2 4 × 계 4 8	구 3 × 3 2 4 9	4 7 × 가 2 8 2
5 좋 × 9 5 1 3	7 씨 × 8 6 0 0	6 8 7 × 나 6 1 8 3	솜 0 3 × 솜 1 6 1 2

숫자								
암호								

빈 칸에 어떤 수가 들어갈까?

이름 ____________

빈칸을 10보다 작은 수로 채워 아래 곱셈표를 완성해보세요.
(계산기를 사용하지 않고 해결해 보세요)

×			7	
	6	10	14	18
	12	20	28	36
6	18	30	42	54
	24	40	56	72

빈칸을 30보다 작은 수로 채워 아래 곱셈표를 완성해보세요.
(필요하다면 계산기를 사용해 보세요.)

×				
	48	120	184	232
	84	210	322	406
	114	285	437	551
	162	405	621	783

이름 ________________

답이 가장 작은 곱셈은?

숫자 7, 6, 8, 2를 한 번씩 써서 가장 작은 '세 자리 수×한 자리 수'를 만들려고 합니다. 곱셈 결과가 가장 작게 되는 곱셈식을 찾아 ○를 그리세요.

연 습

□□□ × □   □□□ × □   □□□ × □

숫자 9, 2, 6, 1을 한 번씩 써서 가장 작은 '세 자리 수×한 자리 수'를 만들려고 합니다. 곱셈 결과가 가장 작게 되는 곱셈식을 찾아 ○를 그리세요.

연 습

□□□ × □   □□□ × □   □□□ × □

위의 문제들에서 곱셈 결과가 가장 작은 곱셈식의 공통점은 무엇입니까?

왜 그렇게 되는지 이유를 생각해 봅시다.

이름 ____________

답이 가장 큰 곱셈은?

숫자 7, 6, 8, 2를 한 번씩 써서 가장 작은 '세 자리 수×한 자리 수'를 만들려고 합니다. 곱셈 결과가 가장 큰 곱셈식을 찾아 ○를 그리세요.

연 습

□□□	□□□	□□□
× □	× □	× □

숫자 9, 2, 6, 1을 한 번씩 써서 가장 작은 '세 자리 수×한 자리 수'를 만들려고 합니다. 곱셈 결과가 가장 큰 곱셈식을 찾아 ○를 그리세요.

연 습

□□□	□□□	□□□
× □	× □	× □

위의 문제들에서 곱셈 결과가 가장 작은 곱셈식의 공통점은 무엇입니까?

왜 그렇게 되는지 이유를 생각해 봅시다.

이름 ____________

어느 것이 클까?

숫자 4, 9, 5, 2만을 이용하여 만들 수 있는 가장 큰 '세 자리 수×한 자리 수'와 '두 자리 수×두 자리 수' 중 어느 것이 더 클까요? 더 큰 식을 찾아 ○를 그리세요.

연 습

□□□
× □

□□□
× □

□□□
× □

□□
× □□

□□
× □□

숫자 6, 7, 8, 9만을 이용하여 만들 수 있는 가장 큰 '세 자리 수×한 자리 수'와 '두 자리 수×두 자리 수'중 어느 것이 더 클까요?

1 '세 자리 수×한 자리수'와 '두 자리 수×두 자리 수' 중 어느 것이 더 클 거라고 생각합니까?

2 계산기로 확인해 보세요.

□□□
× □

□□
× □□

왜 그렇게 된다고 생각합니까?

이름 ____________________

나눗셈 비교하기 게임

필요한 것 숫자카드 3~8(〈부록1〉 참조), 게임판, 말, 게임인원 2명

게임 목표 주어진 수와 나눈 결과의 크기를 비교하여 도착점에 먼저 도착하기

게임 방법

① 두 사람이 가위 바위 보를 하여 순서를 정합니다.

② 먼저 한 사람이 숫자 카드 중 한 장을 뽑고, 다시 섞은 후에 다른 사람이 한 장을 뽑습니다.

③ 게임판에 나타난 수를 숫자카드의 수로 나눈 결과를 비교하여 더 큰 사람이 3칸을 전진하고, 두 사람이 같은 결과이면 같이 1칸씩 전진합니다.

④ 도착점에 먼저 도착한 사람이 이깁니다.

게 임 판

출발 15	17	20	9	16	23
23	12	7	85	63	27
43	62	8	도착	29	14
90	28	53	76	16	34
12	34	22	54	49	71

이름 ________________

임금님의 꽃밭

어느 날, 임금님께서 궁궐에 직사각형 모양의 꽃밭을 만들려고 하였습니다. 꽃밭의 울타리를 만드는 재료가 한정되어 있어, 울타리를 둘레가 48m인 직사각형으로 만들었습니다.

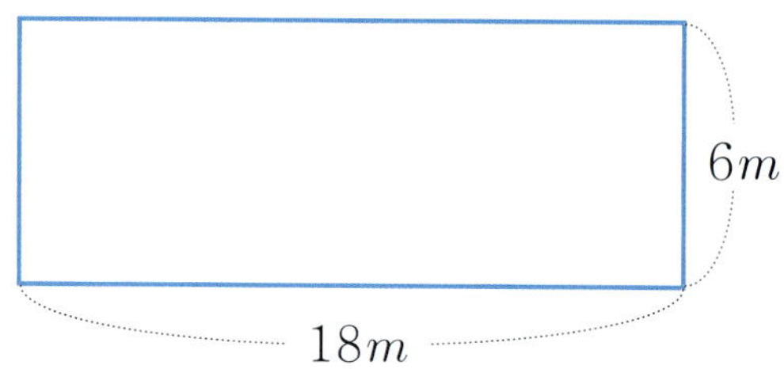

1 이 꽃밭의 넓이는 몇 m^2입니까?

2 위의 꽃밭과 둘레의 길이가 같은 사각형을 여러 개 생각해보고, 넓이가 가장 넓은 것은 가로의 길이가 얼마인지 구하세요.

둘레	가로	세로	넓이
	18	6	108
48			

사칙 혼합 계산

- 역시 순서가 중요해
- 괄호는 왜 쓰지?
- 야구 성적 구하기
- 지금은 할인 행사 중!
- 혼자하는 0 만들기 게임

이름 ______________

역시 순서가 중요해

다음 식을 계산기로 계산하여 답을 써 봅시다.

$2+3\times6=$

$25+5\div5=$

$18\times8-4=$

$25\div5+3=$

$12\times2-5=$

$10-4\div2=$

◎ 위의 식들은 어떤 순서로 계산된 것인지 보기 와 같이 옳은 순서에 표시하세요.

보기

$2+3\times6$ (○) ( )

$25+5\div5$ ( ) ( )

$18\times8-4$ ( ) ( )

$25\div5+3$ ( ) ( )

$12\times2-5$ ( ) ( )

$10-4\div2$ ( ) ( )

이름 ____________

괄호는 왜 쓰지?

다음을 알아봅시다.

◎ 다음을 계산기에 입력하여 보세요.

[2][+][3][×][6][=]은 얼마입니까? ______

◎ 어떤 순서로 계산되었나요?

① ____________ ② ____________

◎ 다음을 계산기에 입력하여 보세요.

[(][2][+][3][)][×][6][=]은 얼마입니까? ______

괄호( )가 포함된 식은 괄호가 먼저 계산됩니다. 즉, 2+3을 먼저 계산하려면 괄호 [(][)]를 사용할 수 있습니다.

◎ 어떤 순서로 계산되었나요?

① ____________ ② ____________

◎ 다음 식을 계산해본 뒤 두 값을 비교해 보세요.

① $18 \times 6 - 4 =$ $18 \times (6-4) =$

② $12 \times 2 - 1 =$ $12 \times (2-1) =$

③ $18 - 4 \div 2 =$ $(18-4) \div 2 =$

④ $15 + 5 \div 5 =$ $(15+5) \div 5 =$

◎ 다음 중 괄호를 사용하지 않아도 계산 결과가 같은 것에 ○표 하세요.

$(8 \times 2) - 4$ $32 \div (5-3)$

$25 \times (6-2)$ $(16 \div 4) - 2$

이름 ____________

야구 성적 구하기

선수 \ 성적	1루타	2루타	3루타	홈런
송기도	25	11	7	8
유상욱	15	9	3	3

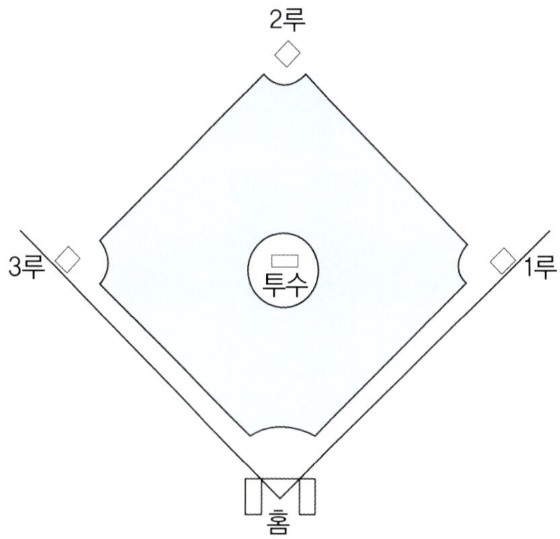

위 표는 초등학교 야구부 두 선수의 올해 주요 성적입니다. 1루, 2루, 3루, 홈의 각 루 사이의 거리가 23m일 때, 두 선수가 달린 거리를 모두 구하세요.

선수 \ 계산	계산 과정 쓰기	계산 결과
송기도		
유상욱		

이름 ____________________

지금은 할인 행사 중!

어린이 6명이 오후 1시 30분에 샌드위치 가게에 갔습니다. 이 어린이들은 샌드위치 하나를 살 때마다 같은 샌드위치 하나를 더 받을 수 있는 〈1+1〉 쿠폰 3장을 가지고 있습니다. 어린이들은 샌드위치 6개, 고구마 샐러드 3개와 쥬스 6잔을 사려고 합니다. 아래 **가격표**를 보고 값이 가장 싸게 사는 방법을 찾아보세요.(단, 구입한 음식을 다른 사람에게 팔 수 없으며, 세트 메뉴를 구입할 때 쿠폰을 사용할 수 없습니다.)

가격표

샌드위치	3000원
고구마 샐러드	1000원
쥬스	1100원
샌드위치 세트 (샌드위치+고구마 샐러드+쥬스)	4500원 (단, 오전 11시~오후 2시에는 3000원)

이름 ______________

혼자하는 0 만들기 게임

필요한 것 계산기

◕ **게임 목표** 다섯 번째 이내 연산에서 0 만들기

◕ **게임 방법**

① 세 자리 수를 입력하는 것으로 시작한다. (예를 들어, 386)

② 입력한 수에 '[+], [−], [×], [÷]'와 한 자리 수를 입력하고 '[=]'을 입력하여 처음 입력한 수를 작게 만든다.

③ 계속하여 앞의 수에 연산 기호와 수를 입력하여 새로운 수를 나타나게 한다.

④ 다섯 번째 이내 단계에서 0을 만들어야 한다. 만약 0을 만들지 못하면 그 게임은 실패한 것이다.

⑤ 만약 소수가 나오는 경우에는 이전 수를 입력하고 다시 연산식을 입력한다.

입력할 연산키	계산기 화면
	386
[−]	8
[=]	378
[÷]	9
[=]	42
[÷]	7
[=]	6
[−]	6
[=]	0

▢ : 입력화면 ▢ : 결과화면

◎ **다섯 번째 단계까지 0이 되도록 게임 수를 기록하면서 해 봅시다. 성공했을 때 ( )에 ○표를 해 봅시다.**

단계	예) 386 (○)	702 ( )	561 ( )	( )
①	386 [−] 8 [=] 378	___ [ ] ___ [=] ___	___ [ ] ___ [=] ___	___ [ ] ___ [=] ___
②	[÷] 9 [=] 42	[ ] ___ [=] ___	[ ] ___ [=] ___	[ ] ___ [=] ___
③	[÷] 7 [=] 6	[ ] ___ [=] ___	[ ] ___ [=] ___	[ ] ___ [=] ___
④	[−] 6 [=] 0	[ ] ___ [=] ___	[ ] ___ [=] ___	[ ] ___ [=] ___
⑤	[ ] _ [=] __	[ ] ___ [=] ___	[ ] ___ [=] ___	[ ] ___ [=] ___

게임에서 성공하려면 어떤 전략이 필요할까요?

자릿값

- 0으로 바꾸기 게임
- 0으로 바꾸기 모둠 게임
- 남는 건 모두 내꺼!

이름 ____________

0으로 바꾸기 게임

필요한 것 계산기 2개, 게임인원 2명

- **게임 목표** 계산에서 특정 자리수를 0으로 바꾸기
- **게임 방법** 두 사람이 계산기를 각각 하나씩 가지고 시작한다.

① 첫 번째 선수가 세 자리 수를 자신의 계산기에 입력하고 두 번째 선수에게 같은 수를 계산기에 입력하라고 한다. (예를 들어, 369)

② 첫 번째 선수가 두 번째 선수에게 특정 자리 숫자 하나만 0으로 바꾸라고 지시한다.(예를 들어, 6을 0으로 바꾸라고 하면 두 번째 선수는 화면에 309가 남도록 해야 한다) 두 번째 선수가 지시를 수행할 동안 첫번째 선수도 자신의 계산기로 확인한다.(오른쪽 표는 60을 빼어 309를 만든 그림이다)

③ 두 번째 선수가 연산을 올바르게 했다면 1점을 얻는다. 역할을 바꾸어 10점을 먼저 얻는 사람이 승리한다.

입력할 연산키	계산기 화면
	369
−	60
=	309

▢ : 입력화면 ▢ : 결과화면

점 수 표

선수 \ 점수	1회	2회	3회	4회	5회	6회	7회	8회	9회	10회	점수합
선수 A											
선수 B											

이름 ____________

0으로 바꾸기 모둠 게임

필요한 것 계산기 모둠별 1개, 모둠(4~6명)

- **게임 목표** 특정 자리수를 0으로 만들어 점수 많이 따기
- **게임 방법**

① 모둠에 6명이 있으면 처음에 여섯 자리 수를 입력한 다. (예를 들어, 364812) 만약, 모둠이 4명이면 네자리 수를 입력한다.

② 한 사람씩 돌아가면서 한 자리의 숫자를 0으로 바꾸는데, 첫 번째 사람이"나는 8을 0으로 바꿀거야"라고 말하면서 [-][8][0][0]을 입력하여 364012가 되도록 하고, 결과를 모두에게 보여준다. 맞게 되었으면 첫 번째 사람은 1점을 얻는다.

③ 계산기를 두 번째 사람에게 넘겨준다. 두 번째 사람은 "나는 6을 0으로 바꿀 거야"라고 말하면서 [-][6][0][0][0][0]을 입력하여 304012가 되도록 한다. 결과를 모두에게 보여주고, 맞았으면 두 번째 사람도 1점을 얻는다.

④ 이런 식으로 6명 모두가 다 했으면, 또 다른 여섯 자리 수를 입력하여 반복한다. 5~6회 실시하여 점수를 많이 딴 사람이 이긴다.

입력할 연산키	계산기 화면
	364812
[-]	800
[=]	364012
[-]	60000
[=]	304012

□ : 입력화면 □ : 결과화면

점 수 표

점수 / 선수	1회	2회	3회	4회	5회	6회	7회	8회	9회	10회	점수합
선수 A											
선수 B											
선수 C											
선수 D											
선수 E											
선수 F											

이름 ________________

남는 건 모두 내꺼!

필요한 것 계산기 2~4개, 주사위 1개

- **게임 목표** 주사위를 굴려 나온 수의 자릿값만큼 점수로 가져가기
- **게임 방법**

① 첫 번째 선수가 숫자 1, 2, 3, 4, 5, 6만을 이용하여 중복되지 않도록 세 자리 숫자를 계산기에 입력한다. (예를 들어, 452)

② 첫 번째 선수가 주사위를 굴려 나타난 수가 세 자리 숫 자 중 하나와 일치하면 그 수만큼을 계산기에서 빼어 자 기 점수로 만든다. 만약 5가 나왔다면 계산기에서 [−][5][0]을 하여 50점을 얻고 계산기에는 402가 남는다. 계산이 틀린다면, 점수를 얻을 수 없다.

입력할 연산키	계산기 화면
	452
−	50
=	402

□ : 입력화면 □ : 결과화면

③ 주사위 숫자가 첫 번째 선수가 입력한 계산기의 어떤 숫자와도 일치하지 않는다면 점수를 얻을 수 없으며, 순서는 두 번째 선수에게로 넘어간다. 앞 사람이 계산기에 나온 수를 모두 빼어 계산기에 0이 남는다면 다음 사람에게는 기회가 더 이상 없다. 만약 모두가 한 번씩 했는데도 계산기에 숫자가 남아있다면, 첫 번째 선수가 자신의 점수로 모두 가져갈 수 있다.

④ 인원수만큼 게임을 실시한 다음, 점수가 가장 높은 선수가 이긴다. 예를 들어, 4명이라면 4회까지, 5명이라면 5회까지 실시한다.

점 수 표

선수	1회	2회	3회	4회	5회

어림

- 어림셈
- 곱셈 어림 게임
- 큰 수 어림하기
- 직사각형의 넓이 추측하기
- 소수 뺄셈 어림하기
- 나눗셈 어림하기
- 공평하게 팀을 나눕시다

이름 ________________

어림셈

정답에 가장 가까울 것으로 생각되는 수에 ○표를 해 보세요.
계산기로 정확한 답을 확인한 후, 맞았는지 표시해 보세요.

문제	어림	정답	결과(○, ×)
52 + 29	70 (80) 90	81	○
24 + 53	70 80 90		
19 + 48	50 60 70		
39 + 33	70 80 90		
63 + 21	70 80 90		
38 + 48	70 80 90		
50 + 39	70 80 90		
45 + 42	70 80 90		
27 + 58	70 80 90		

5를 포함하여 5이상 되는 수(5, 6, 7, 8, 9)는 10으로 어림하고, 5미만인 수(4,3,2,1)는 0으로 어림합니다.

이름 ________________

곱셈 어림 게임

필요한 것 계산기

게임 목표 계산 결과의 범위를 보다 정확히 예상하기

게임 방법

① 다음과 같은 부등식을 보고 10초 안에 대략적인 답의 범위를 예상하여 양쪽의 □안에 각각 수를 적습니다. (문제를 보고 10초 안에 적어야 합니다.)

$$\square < 4\times7\times3 < \square$$

② 계산기를 활용하여 자신이 예상한 범위에 답이 포함되는지 확인합니다.

③ 자신이 예상한 범위에 답이 포함되면 점수를 1점 얻을 수 있습니다.

④ 두 사람이 게임을 할 경우 양 끝 수의 차이가 적은 사람이 1점을 더 얻습니다.

$\square < 4\times7\times3 < \square$	$\square < 9\times7\times2 < \square$	$\square < 5\times7\times4 < \square$	$\square < 6\times9\times8 < \square$
나의 답 80 와 90	나의 답 □ 와 □	나의 답 □ 와 □	나의 답 □ 와 □
친구의 답 75 와 95	친구의 답 □ 와 □	친구의 답 □ 와 □	친구의 답 □ 와 □
나의 답은 맞나요?(○) 친구의 답은 맞나요?(○)	나의 답은 맞나요?( ) 친구의 답은 맞나요?( )	나의 답은 맞나요?( ) 친구의 답은 맞나요?( )	나의 답은 맞나요?( ) 친구의 답은 맞나요?( )
양 끝 수의 차가 적은 사람은? ((나), 친구)	양 끝 수의 차가 적은 사람은? (나, 친구)	양 끝 수의 차가 적은 사람은? (나, 친구)	양 끝 수의 차가 적은 사람은? (나, 친구)

나의 총 획득 점수 (　　　　　) 점

이름 ____________________

큰 수 어림하기

필요한 것 계산기

- **게임 목표** 곱셈으로 목표수에 가장 가까운 수 만들기
- **게임 방법** 계산기를 사용합니다.

① 빈칸에 4~9까지 서로 다른 수를 하나씩 넣습니다.

② 곱셈을 하여 계산 결과가 목표 수에 최대한 가까운 수를 만듭니다.

③ 각 문제의 빈 칸을 채우고 목표수와의 차이를 적습니다.

④ 계산 결과가 목표수와의 차를 모두 합하여 가장 적은 사람이 승리합니다.

목표수	계산 결과	계산결과와 목표수와의 차
25000	$\boxed{5}\boxed{9}\boxed{8}\boxed{7}\times\boxed{4}=23948$	$25000-23948=1052$
50000	$\square\times\square\square\square\square=$	
80000	$\square\times\square\square\square\square=$	
40000	$\square\times\square\square\square\square=$	
35000	$\square\square\times\square\square\square=$	
70000	$\square\square\times\square\square\square=$	

총합 : ____________________

이름 ________________

직사각형의 넓이 추측하기

두 직사각형 중 넓이가 큰 직사각형 안에 ○표 하세요.
(넓이를 추측하고, 계산기로 답을 확인하세요.)

1

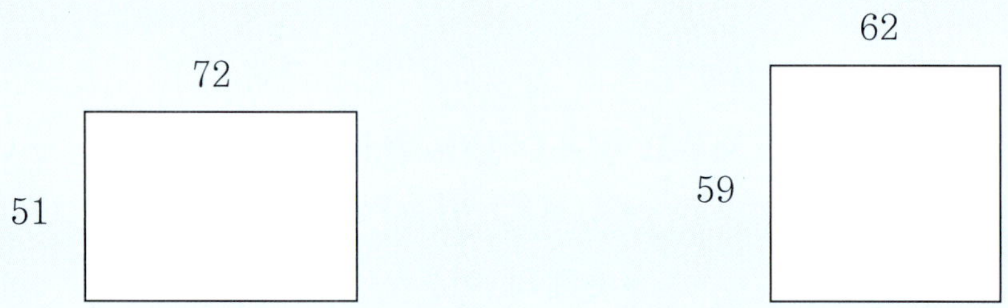

2

3

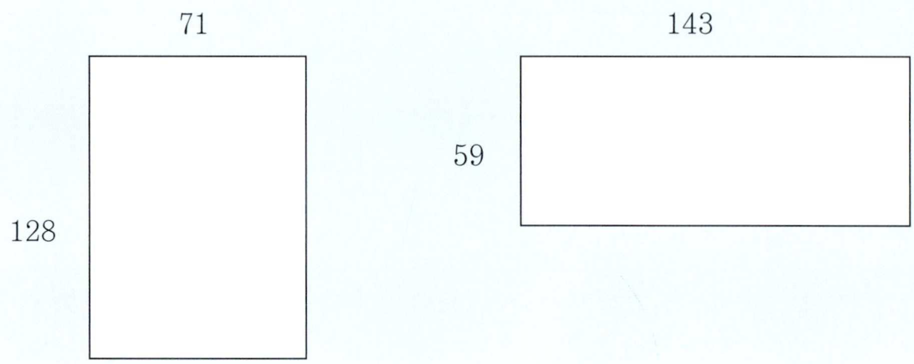

이름 ________________

소수 뺄셈 어림하기

소수의 뺄셈 결과에 가장 가까운 자연수를 예상하여 쓰고, 계산기로 계산한 후에 옳은 경우 ○표 하세요.

소수의 뺄셈	가장 가까운 자연수	계산 결과	확인(○)
8.6 − 2.9	6	5.7	○
9.1 − 4.5			
18.9 − 3.7			
9.02 − 4.27			
10.25 − 7.19			
28.3 − 12.98			

이름 ____________

나눗셈 어림하기

필요한 것 계산기, 게임인원 2~6명

게임 목표 목표수에 가장 가까운 계산식 구하기

게임 방법

① 다음 빈칸에 4~9까지의 수를 하나씩 넣어서 목표 수에 최대한 가까운 수를 만듭니다.

② 각 문제의 빈칸을 채우고 목표수와의 차를 적으세요.

③ 계산 결과와 목표수와의 차를 모두 합하여 가장 적은 사람이 승리하는 게임입니다.

목표수	계산 결과	계산 결과와 목표수와의 차
200	[9][8][7] ÷ [5] = 약 197 (반올림하여 쓴다)	200 − 197 = 3
100	□□□ ÷ □ = 약	
150	□□□ ÷ □ = 약	
300	□□□ ÷ □ = 약	
750	□□□□ ÷ □ = 약	
500	□□□□ ÷ □ = 약	

총합 : ____________

이름 ______________

공평하게 팀을 나눕시다

다음 표는 12명의 학생들의 오래 매달리기 기록입니다. 이 학생들을 4팀으로 나누어 오래 매달리기 단체시합을 하려고 합니다. 팀을 어떻게 나누는 것이 공정하겠습니까?

83.4초	28.9초	49.6초	33.8초	33.9초	37.2초
47.0초	30.2초	55.4초	22.7초	57.8초	65.3초

A팀	
B팀	
C팀	
D팀	

규칙성

이름 ________________

나는 명탐정

필요한 것 계산기 1개, 초시계, 게임인원 2명

- **게임 목표** 더해지거나 빼지는 규칙 알아맞히기
- **게임 방법**

① 첫 번째 선수가 두 수의 덧셈식이나 뺄셈식을 계산기에 입력한다. (예를 들어, 9+3 또는 75−4)

② 첫 번째 선수가 =을 여러 번 누르고 나서 계산기를 두 번째 선수에게 쥐어준다.

③ 두 번째 선수는 =를 누를 때마다 얼만큼씩 더해지거나 빼지는지 알아낸다. 만약 10초 안에 맞추면 1점을 얻는다. 점수가 높은 사람이 승리한다.

입력할 연산키	계산기 화면
	9
+	3
=	12
=	15
=	18
=	21
=	24
=	27
=	30

□ : 입력화면 □ : 결과화면

점 수 표

선수 \ 점수	1회	2회	3회	4회	5회	6회	7회	8회	9회	10회	점수합

이름 ________________

나는 천재 마술사!

여러분이 마술사가 되어 친구에게 다음과 같이 해 보도록 합시다.

543
− 345
198
+ 891
1,089

① 0부터 9까지의 수 중에서 세 수를 골라 세 자리 수를 만든다. 이 때, 반드시 가장 큰 수가 백의 자리에 오도록 한다.

② 세 자리 수의 순서를 거꾸로하여 다른 세 자리 수를 만든다.

③ ①에서 만든 세 자리 수에서 ②의 세 자리 수를 뺀다.

④ ③에서 나온 계산값의 자리수를 거꾸로 하여 다른 세 자리 수를 만든다.

⑤ ③의 값과 ④의 값을 더한다.

⑥ 내가 그 결과를 맞춘다. (결과는 언제나 1,089이다) 나는 천재다!

결과가 항상 1,089가 되는지 다른 수로 알아봅시다.

− ______ + ______	− ______ + ______	− ______ + ______
− ______ + ______	− ______ + ______	− ______ + ______

이름 ____________________

9의 마술

다음을 계산하고, 규칙을 추측하여 확인해 보세요.

계산기로 계산하여 보세요.	계산기로 계산하여 보세요.
$111 \times 9 =$	$9999 \times 1 =$
$222 \times 9 =$	$9999 \times 2 =$
$333 \times 9 =$	$9999 \times 3 =$
$444 \times 9 =$	$9999 \times 4 =$
결과를 예상하고 계산기로 확인해 보세요.	결과를 예상하고 계산기로 확인해 보세요.
$999 \times 9 =$ (　　)	$9999 \times 9 =$ (　　)
어떤 규칙일까요?	어떤 규칙일까요?

이름 ______________

피라미드 수 (1)

계산기를 이용하여 다음 계산을 해 보고, 규칙에 따라 □를 채워 넣으세요.

9 × 9 =

9 8 × 9 =

9 8 7 × 9 =

9 8 7 6 × 9 =

9 8 7 6 5 × 9 =

□ × □ =

9 - 1 =

9 8 - 2 1 =

9 8 7 - 3 2 1 =

9 8 7 6 - 4 3 2 1 =

9 8 7 6 5 - 5 4 3 2 1 =

□ - □ =

결과가 맞는지 계산기로 확인해 보세요.

이름 ____________

피라미드 수 (2)

계산기를 이용하여 다음 계산을 해 보고, 규칙에 따라 □를 채워 넣으세요.

$1 \times 9 + 2 =$

$12 \times 9 + 3 =$

$123 \times 9 + 4 =$

$1234 \times 9 + 5 =$

$12345 \times 9 + 6 =$

$\square \times \square =$

$1 \times 8 + 1 =$

$12 \times 8 + 2 =$

$123 \times 8 + 3 =$

$\square \times \square + \square =$

$\square \times \square + \square =$

결과가 맞는지 계산기로 확인해 보세요.

이름 ____________________

마법의 11

- 두 자리 수를 마음대로 쓰세요.
  예) 37
- 이제 10의 자리와 일의 자리 수를 바꾸어 쓰세요. → 73
- 위의 두 수를 더하세요. → 110
- 위의 두 수를 더한 110은 11의 배수입니다.

- 네 자리 수를 마음대로 쓰세요.
  예) 1537
- 순서를 바꾸어 일의 자리 수부터 쓰세요. → 7351
- 위의 두 수를 더하세요.
  → 8888
- 8888은 11의 배수입니다.

◐ 다른 두 자리 수로 해 보세요. 두 수의 합이 언제나 11의 배수가 되나요?

◐ 다른 네 자리 수로 해 보세요. 두 수의 합이 언제나 11의 배수가 되나요?

◐ 규칙을 찾을 수 있나요?

세 자리 수는 어떨까요?

이름 ____________________

큰 수도 계산기에 나타날까?

※ 보통 계산기는 8~12자리까지 나타낼 수 있습니다.

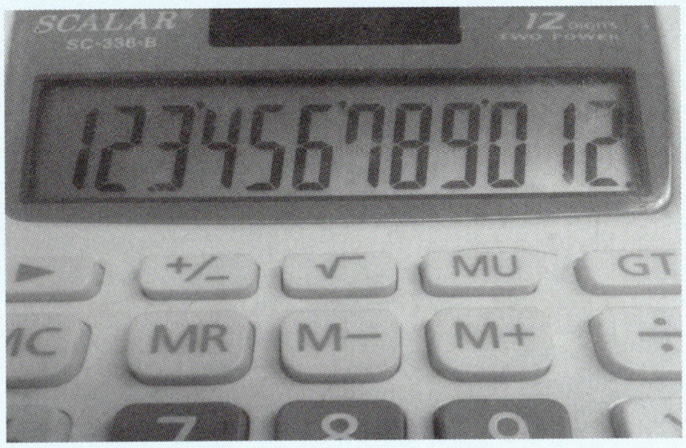

그래서 곱셈 '7777777×9999999'는 계산기로 답을 구할 수 없답니다.

답을 직접 구할 수 없는 경우, 계산기를 잘 활용하여 규칙을 찾아 해결해보고 자신의 해결 방법을 설명해 보세요.

$7 \times 9 =$

$77 \times 99 =$

$777 \times 999 =$

8888888×9999999의 값을 구할 수 있을까요?

연산 추론

- 1000 만들기
- 6개의 버튼
- 엎질러진 우유
- 계산기가 되어보자(1)
- 내가 만든 가장 큰 수는?
- 금고를 열어라!
- 숫자키 [5]만 제대로 눌러지네?
- 네 개의 4로 10만들기
- 계산기가 되어 보자(2)

이름 ______________

1000 만들기

아래에서 4개의 수를 골라 더해서 1000을 만들려고 합니다. 1000을 만들 수 있는 방법을 될 수 있는 대로 많이 찾아봅시다.

275	382	81	174
206	117	414	262
483	173	239	138
331	230	325	170

이름 ________________

6개의 버튼

계산기에서 6개의 버튼을 사용하여 목표 수 20을 구하여 보세요.

[1][8][0][÷][9][=] 20

[ ][ ][ ][ ][ ][=] 20

[ ][ ][ ][ ][ ][=] 20

[ ][ ][ ][ ][ ][=] 20

[ ][ ][ ][ ][ ][=] 20

7개의 버튼으로 목표 수 27을 구하여 봅시다.

[ ][ ][ ][ ][ ][ ][=] 27　　[ ][ ][ ][ ][ ][ ][=] 27

[ ][ ][ ][ ][ ][ ][=] 27　　[ ][ ][ ][ ][ ][ ][=] 27

나만의 문제를 만들어 봅시다.

____개의 버튼으로 목표수 ____만들기

[ ][ ][ ][ ][ ][ ][ ][ ][=] ___

____개의 버튼으로 목표수 ____만들기

[ ][ ][ ][ ][ ][ ][ ][ ][=] ___

이름 ____________________

엎질러진 우유

준서는 수학 문제지에 엄마가 가져다주신 우유를 그만 엎지르고 말았습니다. 그래서 우유가 엎질러진 곳의 문제가 잘 보이지 않게 되었다네요. 수학 문제지의 나눗셈 문제가 모두 자연수로 나누어떨어진다고 할 때, 가려진 숫자를 찾으세요.

□ 6 ÷ 7

8 □ ÷ 9

5 □ 6 ÷ 8

4 □ 9 ÷ 7

4 □ 7 0 7 ÷ 9

이름 ____________

계산기가 되어 보자 (1)

※ 다음과 같이 1부터 10까지의 합은 55입니다.

$$1 + 2 + 3 + 4 + 5 + 6 + 7 + 8 + 9 + 10 = 55$$

빈칸에 '+, –' 의 연산 기호를 넣어서 계산 결과가 등호(=)의 오른쪽 수와 같도록 해 보세요. 필요하면 괄호 (　　)를 사용해도 좋습니다.

$$1 \square 2 \square 3 \square 4 \square 5 \square 6 \square 7 \square 8 \square 9 \square 10 = 37$$

$$1 \square 2 \square 3 \square 4 \square 5 \square 6 \square 7 \square 8 \square 9 \square 10 = 1$$

◕ 위와 같은 문제를 만들어서 계산결과를 알려주고 친구에게 풀어보도록 해보세요.

$$1 \square 2 \square 3 \square 4 \square 5 \square 6 \square 7 \square 8 \square 9 \square 10 = \boxed{}$$

이름 ____________

내가 만든 가장 큰 수는?

다음 빈칸에 숫자 1, 2, 3, 4 를 하나씩 넣어 가장 큰 수를 만들어 보세요.

$\square \times \square \times \square \div \square =$

$\square + \square + \square - \square =$

$\square - \square + \square - \square =$

$\square \div \square \div \square \times \square =$

$\square + \square - \square \times \square =$

$\square + \square - \square \times \square =$

$\square \times \square + \square \div \square =$

$\square + \square \times \square \div \square =$

이름 ____________

금고를 열어라!

주어진 카드의 수를 이용하여 다음 계산식에 알맞게 숫자를 배열하여 결과가 25가 되면 금고가 열립니다. 금고를 열 수 있도록 카드 이름을 순서에 맞게 쓰세요.

(□ + □) ÷ (□ − □) = 25

A	B	C
225	25500	375

D	E	F
5250	825	9750

이름 ____________________

숫자키 [5]만 제대로 눌러지네?

※ 계산기 고장으로 숫자키 [5]와 [+], [−], [×], [÷], [(], [)], [=]만 제대로 눌러집니다. [5]와 [+], [−], [×], [÷], [(], [)], [=]만을 사용하여 보기와 같이 계산하였더니 계산 결과가 17이 되었습니다.

$$(5+5)\div 5+5+5+5=17$$

위와 같이 [5]와 [+], [−], [×], [÷], [(], [)], [=]만을 사용하여 17이 되는 식을 가능한 많이 찾아 써보세요.

◕ 17을 만들 때, [5]를 가장 적게 누르는 경우는 어떤 식입니까?

위와 같은 방법으로 숫자 [5]와 [+], [−], [×], [÷], [(], [)], [=]만을 사용하여 33을 만들 수 있는 식을 많이 써 보세요.

이름 ____________________

네 개의 4로 10만들기

※ 네 개의 숫자 4와 '+, − ×, ÷'를 이용하여 1을 만들려면 다음과 같이 할 수 있습니다.
(단, +, − ×, ÷는 여러 번 사용이 가능하고, 필요하지 않은 기호는 사용하지 않아도 됩니다.)

$$4 \times 4 \div 4 \div 4 = 1$$

숫자 4 네 개와'+, − ×, ÷'를 이용하여 2, 3, 4, ⋯ ,10을 만들어 봅시다.
(필요한 경우, 식에 ( )를 넣을 수 있습니다.)

4 4 4 4 = 2

4 4 4 4 = 3

4 4 4 4 = 4

4 4 4 4 = 5

4 4 4 4 = 6

4 4 4 4 = 7

4 4 4 4 = 8

4 4 4 4 = 9

4 4 4 4 = 10

이름 ____________________

계산기가 되어 보자 (2)

※ 다음과 같이 1부터 5까지의 곱은 120입니다.

$$5 \times 4 \times 3 \times 2 \times 1 = 120$$

빈칸에 '+', '−','×','÷'의 연산 기호를 넣어서 계산 결과가 옳게 나오도록 해보세요. 필요에 따라 괄호를 사용해도 좋습니다.

$$5 \square 4 \square 3 \square 2 \square 1 = 30$$

$$5 \square 4 \square 3 \square 2 \square 1 = 7$$

$$5 \square 4 \square 3 \square 2 \square 1 = 1$$

여러분이 식을 만들어 결과를 적고 친구에게 $\square$ 안에 알맞은 연산기호(+, −, ×, ÷)를 넣도록 해 봅시다.

$$5 \square 4 \square 3 \square 2 \square 1 = \underline{\qquad\qquad}$$

수의 성질

- 달력의 비밀
- 바꾸어 곱해도 답이 같을까?
- 신기한 달력 속 날짜
- 어느 수가 더 클까?
- 구두쇠 영감의 후회

이름 ____________________

달력의 비밀

다음 달력에서 정사각형 모양으로 색칠된 9개의 수를 더하면 몇 입니까? (　　　)

January 2014

Sun	Mon	Tue	Wed	Thu	Fri	Sat
			1	2	3	4
5	6	7	8	9	10	11
12	13	14	15	16	17	18
19	20	21	22	23	24	25
26	27	28	29	30	31	

정사각형 모양으로 색칠된 9개의 수를 더한 결과와 같은 수가 되도록 9개의 수를 다른 모양으로 선택하여 색칠하세요.(단, 각 칸들은 변끼리 연결이 되어야 합니다.)

January 2014

Sun	Mon	Tue	Wed	Thu	Fri	Sat
			1	2	3	4
5	6	7	8	9	10	11
12	13	14	15	16	17	18
19	20	21	22	23	24	25
26	27	28	29	30	31	

January 2014

Sun	Mon	Tue	Wed	Thu	Fri	Sat
			1	2	3	4
5	6	7	8	9	10	11
12	13	14	15	16	17	18
19	20	21	22	23	24	25
26	27	28	29	30	31	

January 2014

Sun	Mon	Tue	Wed	Thu	Fri	Sat
			1	2	3	4
5	6	7	8	9	10	11
12	13	14	15	16	17	18
19	20	21	22	23	24	25
26	27	28	29	30	31	

January 2014

Sun	Mon	Tue	Wed	Thu	Fri	Sat
			1	2	3	4
5	6	7	8	9	10	11
12	13	14	15	16	17	18
19	20	21	22	23	24	25
26	27	28	29	30	31	

이름 ______________

바꾸어 곱해도 답이 같을까?

36×84와 63×48의 두 식을 비교해 봅시다. 곱하는 수와 곱해지는 수의 십의 자리의 숫자와 일의 자리의 숫자가 바뀌어 있네요. 계산결과도 비교해 보세요.

$$\begin{array}{r} 3\ 6 \\ \times\quad 8\ 4 \\ \hline \\ \hline \end{array} \qquad \begin{array}{r} 6\ 3 \\ \times\quad 4\ 8 \\ \hline \\ \hline \end{array}$$

- 답이 같은가요? (예, 아니오)

- 다음 곱셈 가운데, 곱하는 수와 곱해지는 수의 십의 자리의 숫자와 일의 자리의 숫자를 바꾸어도 답이 같아지는 것은 어느 것일까요?

32×69 ______ × ______ = ______
______ × ______ = ______ (같다, 다르다)

65×47 ______ × ______ = ______
______ × ______ = ______ (같다, 다르다)

24×84 ______ × ______ = ______
______ × ______ = ______ (같다, 다르다)

친구들과 의견을 나눠보고 왜 그런지 이유를 써 보세요.

이름 ____________________

신기한 달력 속 날짜

예원이는 달력에서 연속한 세 수 (1,2,3), (5,6,7) 사이에 다음과 같은 사실을 발견하였습니다.

$1 \times 3 = 3 \qquad 2^2 = 4$

$5 \times 7 = 35 \qquad 6^2 = 36$

January 2014

Sun	Mon	Tue	Wed	Thu	Fri	Sat
			1	2	3	4
5	6	7	8	9	10	11
12	13	14	15	16	17	18
19	20	21	22	23	24	25
26	27	28	29	30	31	

◕ 세 수 사이의 관계를 등식으로 나타내어 보세요.

$(1, 2, 3) \Rightarrow$ ____________________

$(5, 6, 7) \Rightarrow$ ____________________

◕ 연속한 세 수에 대하여 이와 같은 관계가 항상 옳은지 확인해 보세요.

$(13, 14, 15) \Rightarrow$ ____________________

$(27, 28, 29) \Rightarrow$ ____________________

◕ 이 관계가 항상 옳은 이유는 무엇일지 자신의 생각을 써보세요.

◕ 이 외에도 수들 사이의 규칙을 달력에서 찾아보세요.

이름 ____________

어느 수가 더 클까?

※ 다음과 같이 2를 3번 곱하는 식은 2^3로 나타낼 수 있습니다.

$$2 \times 2 \times 2 = 2^3$$

◇는 한 자리 자연수입니다.

◕ 다음 식이 참이 되도록 □ 안에 한 자리 숫자를 하나씩 넣으세요.

$$\diamond^4 = 4\square\square\square$$

◕ ◇는 얼마입니까?

다음 □ 안에 알맞은 한 자리 수를 넣으세요.

$$\square^4 = 1296 \qquad \square^3 = 343$$

다음 두 수의 크기를 비교하여
□안에 〉, =, 〈 를 넣으세요.

6^3 □ 3^6

3^4 □ 4^3

10^2 □ 2^{10}

이름 ____________

구두쇠 영감의 후회

구두쇠 영감은 일한 품삯을 적게 주기로 유명하였습니다. 어느 날, 한 청년이 찾아와서 오늘은 1원, 내일은 2원, 모레는 4원, 다음날에는 8원 … 과 같은 방법으로 품삯을 달라고 하고 한 달 동안 구두쇠 영감의 밭일을 해 주기로 약속하였습니다. 그러나 구두쇠 영감은 한 달이 지나자 자신의 밭을 청년에게 넘겨줄 수밖에 없었습니다. 구두쇠 영감은 자신의 결정을 몹시 후회하였습니다. 어떻게 된 일일까요?

1 청년이 각 날에 받는 임금은 얼마인지 다음 표를 이용하여 알아봅시다.

1일째	2일째	3일째	4일째	5일째	6일째	7일째	8일째	9일째	10일째
1원	2원	4원	8원						

11일째	12일째	13일째	14일째	15일째	16일째	17일째	18일째

19일째	20일째	21일째	22일째	23일째	24일째	25일째

2 청년이 25일째 받아야 하는 임금은 얼마일까요? ____________

3 마지막 날에 임금을 한꺼번에 모아서 받는다고 할 때, 다음을 알아보세요.

1일째	2일째	3일째	4일째	5일째	…	25일째
1원	3원	7원	15원			

(1) 3일 일했다면 마지막 날 받을 임금은 얼마입니까? ____________

(2) 5일 일했다면 마지막 날 받을 임금은 얼마입니까? ____________

(3) 25일까지 일했다면 마지막 날 받을 임금은 얼마입니까? ____________

(4) 어떻게 구하였나요? ____________

____

소수 계산

- 보물찾기 놀이
- 소수 덧셈 어림하기
- 계산 결과는?
- 소수 곱셈 배열 게임
- 소수 곱셈 게임
- 숨바꼭질
- 외국에서 쇼핑하기
- 매의 눈

이름 ______________

보물찾기 놀이

필요한 것 주사위, 계산기, 게임인원 2명

◕ 게임 목표 곱셈과 나눗셈의 답을 정확히 구하여 더 많은 보물 모으기

◕ 게임 방법

① 두 사람이 가위 바위 보를 하여 순서를 정한다.

② 먼저 이긴 사람이 주사위를 던져서 나온 수를 □에 넣어 종이와 연필로 계산하고, 상대방이 계산기로 검산을 한다. 나눗셈에서 나누어떨어지지 않으면 소수 둘째 자리에서 반올림한다.

③ 맞으면 정답만큼의 양의 보물을 얻는 것이 되고, 틀리면 정답만큼 상대편의 보물이 된다.

④ 그 다음 지점으로 가면 상대편의 순서가 되어 ②, ③과 같이 한다.

⑤ 마지막 지점에서 더 많은 양의 보물을 얻은 사람이 승리한다.

⑥ 이 놀이를 여러 번 반복해서 할 수도 있다.

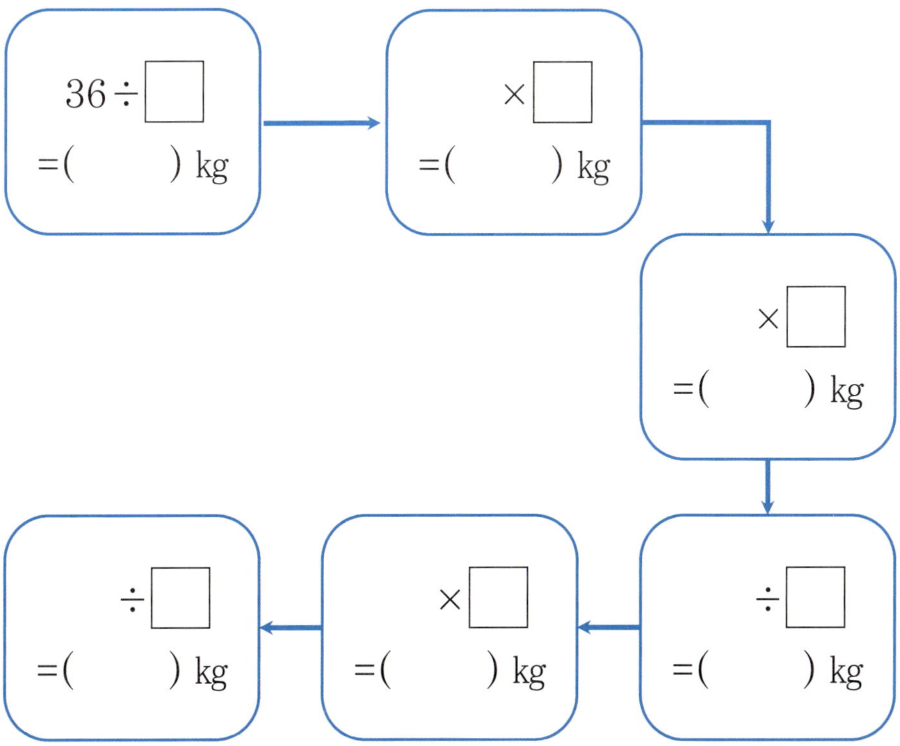

이름 ___________

소수 덧셈 어림하기

소수의 덧셈 결과에 가장 가까운 자연수를 예상하여 쓰고, 실제 계산기로 계산한 후에 정답인 경우 ○표 하세요.

계산기로 [.] [2] 은 0.2와 같습니다.

예

소수의 덧셈	가장 가까운 자연수	계산 결과	확인(○)
3.7 + 4.9	9	8.6	○

소수의 덧셈	가장 가까운 자연수	계산 결과	확인(○)
8.3 + 9.5			
7.6 + 18.9			
4.56 + 8.75			
10.29 + 9.92			
12.5 + 25.87			

이름 ____________

계산 결과는?

계산의 결과를 추측하여 계산기로 확인하세요.

<table>
<tr><td>계산기 키 조작</td><td rowspan="2">추측</td><td rowspan="2">계산 결과</td><td rowspan="2">확인</td></tr>
<tr><td>계산 식 쓰기</td></tr>
<tr><td>3 . 1 + . 2 = =</td><td rowspan="2">3.5</td><td rowspan="2">3.5</td><td rowspan="2">○</td></tr>
<tr><td>3.1 + 0.2 + 0.2 = 3.5</td></tr>
<tr><td>5 . 3 − . 3 = = =</td><td rowspan="2"></td><td rowspan="2"></td><td rowspan="2"></td></tr>
<tr><td></td></tr>
<tr><td>7 . 8 + . 5 = = = =</td><td rowspan="2"></td><td rowspan="2"></td><td rowspan="2"></td></tr>
<tr><td></td></tr>
<tr><td>6 . 4 − . 7 = = = =</td><td rowspan="2"></td><td rowspan="2"></td><td rowspan="2"></td></tr>
<tr><td></td></tr>
</table>

이름 ____________

소수 곱셈 배열 게임

필요한 것 소수 카드(〈부록 2〉 참조), 계산기, 초시계, 게임인원 2명

- **게임 목표** 곱의 결과를 어림하기
- **게임 방법**

① 첫 번째 선수는 〈부록 2〉의 흰색 카드, 파란색 카드에서 각각 5장씩을 선택하고 2개씩 짝을 지어 놓는다.

② 두 번째 선수는 짝지어 놓은 두 소수의 곱의 결과가 작은 것부터 차례로 배열한다. 첫 번째 선수는 초시계로 시간을 잰 후, 맞게 배열했는지 계산기로 확인한다.

③ 서로 역할을 바꾸어 ①, ②를 실시한다.

④ 순서를 모두 맞게 배열한 사람이 이긴다. 두 사람 모두 배열 순서를 맞게 한 경우, 걸린 시간이 짧은 사람이 이긴다.

10.25 11.19 1.97 5.38 3.27 12.57 7.24 4.29 8.71 2.48

0.1 0.7 0.8 0.6 0.9 0.03 0.5 0.08 0.2 0.4

게임판

걸린 시간 / 선수	1회	2회	3회	4회	5회

이름 ______________

소수 곱셈 게임

필요한 것 1~9까지의 숫자카드, 계산기, 게임인원 2명

- **게임 목표** 소수를 곱하여 10에 가까운 수 만들기
- **게임 방법**

① 1 ~ 9까지의 숫자카드를 엎어 놓고, 2장의 카드를 택한다. 첫 번째 카드를 일의 자리에, 두 번째 카드를 소수 첫째 자리에 써 넣어, 소수를 만든다.

② 만든 소수에 어떤 수를 곱해서 10에 가까운 수가 되도록 곱할 소수를 정한다. 이때, 반복하여 수를 사용할 수 있다.

③ 계산기를 사용하여 곱셈의 결과를 확인한다.

④ 곱과 10의 차를 구하여 차가 작은 쪽이 승리한다.

게임 예시

〈길동이 선택한 수 7과 4〉

$$\begin{array}{r} \boxed{7}\,.\,\boxed{4} \\ \times\ \boxed{}\,.\,\boxed{} \\ \hline \end{array}$$

약 7이므로 1보다 조금 큰 수를 곱하여 보자

$$\begin{array}{r} \boxed{7}\,.\,\boxed{4} \\ \times\ \boxed{1}\,.\,\boxed{3} \\ \hline 9\,.\,6\ \ 2 \end{array}$$

〈꽃분이 선택한 수 1과 8〉

$$\begin{array}{r} \boxed{1}\,.\,\boxed{9} \\ \times\ \boxed{}\,.\,\boxed{} \\ \hline \end{array}$$

약 2이니까 곱하는 수를 5정도로 해보자

$$\begin{array}{r} \boxed{1}\,.\,\boxed{9} \\ \times\ \boxed{5}\,.\,\boxed{4} \\ \hline 1\ 0\,.\,2\ \ 6 \end{array}$$

길동: 10−9.62=0.38,　　꽃분: 10.26−10=0.26으로 꽃분이 승리!

게임하기

내가 선택한 수: □, □　　　　친구가 선택한 수: □, □

$$\begin{array}{r} \boxed{}\,.\,\boxed{} \\ \times\ \boxed{}\,.\,\boxed{} \\ \hline \end{array} \qquad \begin{array}{r} \boxed{}\,.\,\boxed{} \\ \times\ \boxed{}\,.\,\boxed{} \\ \hline \end{array}$$

이름 ____________

숨바꼭질

성은이가 친구들과 학교에서 숨바꼭질을 하고 있습니다. 아래의 **힌트** 를 참고하여 계산하여, 친구들이 어느 교실에 숨어 있는지를 찾아내세요.

힌 트

다음 세 조건 모두에 맞는 교실을 찾아라!

(1) 답이 5보다 크다.
(2) 답이 10보다 작다.
(3) 답의 소수 첫째 자리의 숫자가 5이다.

1반 교실	2반 교실	3반 교실	4반 교실
4.22×2.5	0.57×7.9	6.4×0.86	7.3×0.69

5반 교실	6반 교실	음악실	과학실
0.93×0.6	3.7×1.5	0.75×8.6	0.94×0.55

◕ 친구들이 숨어 있는 교실은 (   )과 (   )입니다.

이름 ______________

외국에서 쇼핑하기

※ 외국으로 여행을 할 때에는 한국 돈을 그 나라 돈으로 바꿔야 합니다. 다음은 우리나라 돈 1000원에 해당하는 외국돈의 금액입니다.

덴마크 크로네 5.2

브라질 레알 2.17

다음 문제를 해결하세요.(단, 소수 첫째 자리에서 반올림하여 계산합니다.)

1 우리 돈 만원을 가졌다면 덴마크 크로네 얼마로 바꿀 수 있습니까?

식 ______________ 답 (   ) 크로네

2 덴마크는 치즈로 유명합니다. 치즈 1상자를 30크로네에 사서 먹었습니다. 이것은 한국 돈으로 얼마입니까?

식 ______________ 답 약 (   ) 원

3 브라질 월드컵 경기가 열리는 축구장의 입장료가 240레알입니다. 이것은 한국 돈으로 얼마입니까?

식 ______________ 답 약 (   ) 원

이름 ____________________

매의 눈

아래의 계산식에서 소수점을 적절한 위치에 찍고 필요한 경우 0을 써 넣으세요. 계산기로 결과를 확인하여 보세요.

$3 \times 0.1 = 0.3$

$3 \times 0.01 = \quad 3$

$3 \times 0.001 = \quad 3$

$32 \times 0.3 = 9\ 6$

$24 \times 0.31 = 7\ 4\ 4$

$0.2 \times 0.1 = \quad 2$

$0.2 \times 0.01 = \quad 2$

$0.22 \times 0.3 = 6\ 6$

$0.42 \times 0.22 = 9\ 2\ 4$

$0.72 \times 0.32 = 2\ 3\ 0\ 4$

$3.2 \times 2.1 = 6\ 7\ 2$

$32.2 \times 45.44 = 1\ 4\ 6\ 3\ 1\ 6\ 8$

$7.52 \times 385.2 = 2\ 8\ 9\ 6\ 7\ 0\ 4$

$61.4 \times 21.49 = 1\ 3\ 1\ 9\ 4\ 8\ 6$

다음 계산에서 계산 결과의 소수점이 지워졌습니다. 어림셈으로 소수점의 위치를 찾으세요. 그리고 그 답이 맞는지 계산기로 확인하여 보세요.

$46.39472 \times 7.25475 = 3\ 3\ 6\ 5\ 8\ 2 \cdots$

비와 비율

- 샐러드를 만들어요
- 오히려 전화위복
- 외국인 관광객 쇼핑
- 김치 담기
- 운동화 쇼핑
- 백화점 세일

이름 ____________

샐러드를 만들어요

인터넷에서 본 샐러드 조리법

샐러드 조리법 (5인분)

<재료>		<드레싱>	
양배추 ········	500 g	소금 ··············	8 g
토마토 ········	300 g	식초 ··············	50 g
브로콜리 ······	400 g	샐러드 기름 ······	80 g
허브 ···········	200 g	후추 ··············	6 g

소영이는 인터넷에서 위와 같이 5인분 기준의 샐러드 조리법을 보고 어른 3명(3인분)과 어린이 1명(0.5인분)용으로 샐러드 3.5인분을 만들려고 합니다.

◕ 샐러드 3.5인분의 재료는 얼마나 될지 구하세요.

샐러드 (3.5인분)

<재료>		<드레싱>	
양배추 ········	☐ g	소금 ··············	☐ g
토마토 ········	☐ g	식초 ··············	☐ g
브로콜리 ······	☐ g	샐러드 기름 ······	☐ g
미역 ···········	☐ g	후추 ··············	☐ g

이름 ______________

오히려 전화위복

대학생인 큰누나는 미국으로 배낭여행을 가려고 열심히 아르바이트를 하여 돈을 모았습니다. 여름 방학이 시작되기 전인 6월 5일에 모은 돈 355만원을 은행에서 달러화로 바꾸었습니다. 그런데 갑자기 집에 사정이 생겨 여행을 못가게 되었어요. 그래서 바꿨던 달러화를 7월 10일에 다시 한국돈으로 바꿨습니다. 그런데 오히려 은행에서 처음 바꿀 때보다 돈을 더 많이 돌려주었습니다. 아래의 표를 보고 큰누나는 얼마를 더 돌려 받았는지 계산해 보세요.

1달러당 가격

날짜 \ 상황	달러를 살 때	달러를 팔 때
6월 5일	1,044원	1,037원
7월 10일	1,068원	1,049원

달러는 가격이 매일 바뀐답니다.

◕ 6월 5일에 바꾼 돈

식 ______________________________

답 우리 돈 355만원 ⟶ 미국 돈 (   )달러
(소수점 이하는 버림하세요)

◕ 7월 10일에 바꾼 돈

식 ______________________________

답 미국 돈 (   )달러 ⟶ 우리 돈 (   )원

◕ 큰누나는 (   )원을 더 돌려 받았네요!

이름 ______________

외국인 관광객 쇼핑

미국인 마이클과 중국인 탕조위가 우리나라에 쇼핑을 하러 왔습니다.
두 사람이 쇼핑을 합니다. 아래 표를 참고하여 문제를 해결하세요.
(단, 소수 첫째 자리에서 반올림하여 계산합니다.)

미국 1 달러 = 한국 돈 1064원

중국 10 위안 = 한국 돈 1758원

1 미국 돈 1000 달러는 우리나라 돈 얼마로 바꿀 수 있습니까?

식 ______________________ 답 (   ) 원

2 마이클은 남대문 시장에 가서 겨울 점퍼를 45000원에 샀습니다. 이것은 미국 돈(달러)로 얼마입니까?

식 ______________________ 답 약 (   ) 달러

3 탕조위는 한국 음식점에 가서 친구들과 함께 1인분에 38000원하는 불고기 4인분을 먹었습니다. 탕조위가 계산한 금액은 중국 돈(위안)으로 얼마입니까?

식 ______________________ 답 약 (   ) 위안

이름 ____________________

김치 담기

김치를 담을 때에는 배추를 적당한 농도의 소금물에 절이는 것이 중요합니다. 소금물이 너무 짜면 배추가 너무 짜게 절여져서 김치가 짜고, 소금물이 너무 싱거우면 김치가 잘 절여지지 않아서 맛이 없지요. 우리 어머니와 할머니들은 오랜 경험을 통하여 소금의 양을 어림하여 소금물을 적당한 농도로 잘 만드신답니다. 자, 우리도 주어진 농도의 소금물을 만들어 볼까요?

소금물의 농도를 구하는 방법은 $\frac{\text{소금의 양}}{\text{물의 양} + \text{소금의 양}}$ 입니다.

◕ 다음을 보고 주어진 농도의 소금물을 만들 수 있는 소금의 양을 어림해 보세요. 계산기로 농도를 구하여 확인해 보세요.

소금물 농도	물의 양	소금의 양 어림	계산기 확인
30 %	700 g	300 g	$\frac{300}{700+300} \times 100 = 30$
50%	1000 g	약 (　　) g	
15%	425 g	약 (　　) g	
20%	1600 g	약 (　　) g	
10%	4500 g	약 (　　) g	
4%	600 g	약 (　　) g	
20%	100 g	약 (　　) g	

이름 ____________

운동화 쇼핑

연주는 백화점 세일 기간을 맞아 운동화를 사기 위해 엄마와 함께 백화점에 갔습니다. 운동화 코너에서는 30% 할인을 하고 있습니다. 정가가 89,000원인 운동화는 할인금액이 얼마일까요?

- 정가가 89,000원인 운동화는 30% 할인된 가격이 얼마쯤일지 어림하여 봅시다.

- 계산기로 정확히 계산하여 봅시다. 할인금액은 얼마일까요?

  식 ____________________

  답 (　　　　　　) 원

%계산을 할 때 계산기의 % 키를 사용하면 편리해요. 예를 들어, 350의 80%는 350×0.8로 계산해도 되지만 350×80%를 입력해도 같은 결과를 얻을 수 있답니다.

- 정가가 109,000원인 운동화는 30% 할인된 가격이 얼마쯤일지 어림하여 봅시다.

- 계산기로 정확히 계산하여 봅시다. 할인금액은 얼마일까요?

  식 ____________________

  답 (　　　　　　) 원

이름 ______________

백화점 세일

연주는 백화점 세일 기간을 맞아 겨울코트를 사기위해 엄마와 함께 백화점에 갔습니다. 비슷한 모양과 품질의 코트가 A 매장에서는 정가가 129,000원인데 30% 할인을 하고, B 매장에서는 정가가 109,000원인데 20% 할인을 합니다. 될 수 있는 한 싸게 사려면 어느 것을 사야 할까요?

◕ 어림하여 봅시다.

〈A 매장〉

〈B 매장〉

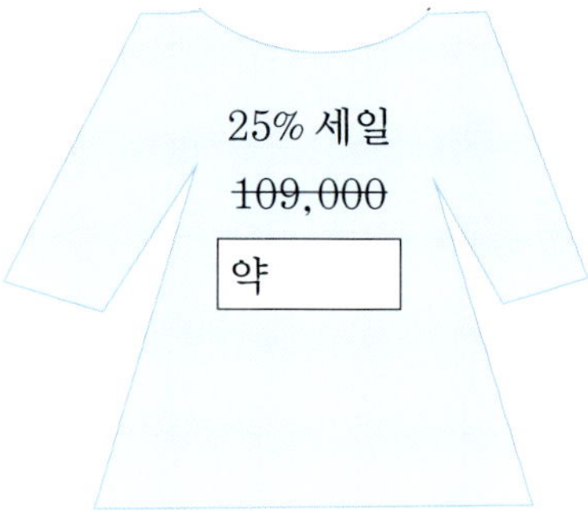

A와 B 매장의 코트 중에서 어떤 것을 사는게 좋겠습니까? (A , B)

◕ 계산기로 정확히 계산하여 봅시다.

〈A 매장〉

〈B 매장〉

A와 B 매장의 코트 중에서 어떤 것을 사는게 좋겠습니까? (A , B)

교사용

연산	두 수의 자리를 바꾸어 더하기(덧셈의 교환 법칙)	❶❷③④⑤⑥

자리 바꾸어 더하기

다음 문제를 완성하세요. 필요하면 계산기를 사용하여도 됩니다.

1. 3 + 2 = 5
   2 + 3 = 5

2. 12 + 9 = 21
   9 + 12 = 21

3. 23 + 24 = 47
   24 + 23 = 47

4. 28 + 34 = 62
   34 + 28 = 62

5. 92 + 136 = 228
   136 + 92 = 228

알게 된 점은 무엇입니까?

두 수를 순서를 바꾸어 더해도
그 결과는 같습니다.

연산(수감각)	세 수의 덧셈	❶❷③④⑤⑥

사다리타기 덧셈 게임

필요한 것 계산기 1개, 게임인원 4명

- 게임 목표 세 수 덧셈하기
- 게임 방법
  ① 가위 바위 보를 하여 순서를 정한다.
  ② 이긴 순서대로 아래의 사다리 중 하나를 선택하여 타고 내려가면서 나온 수들을 더한다.
  ③ 덧셈 결과가 가장 큰 사람이 이긴다.

사다리 타기 방법
위에서부터 가장 아래까지 내려갑니다. 가다가 교차 점을 만나면 반드시 방향을 꺾어서 가야 합니다.

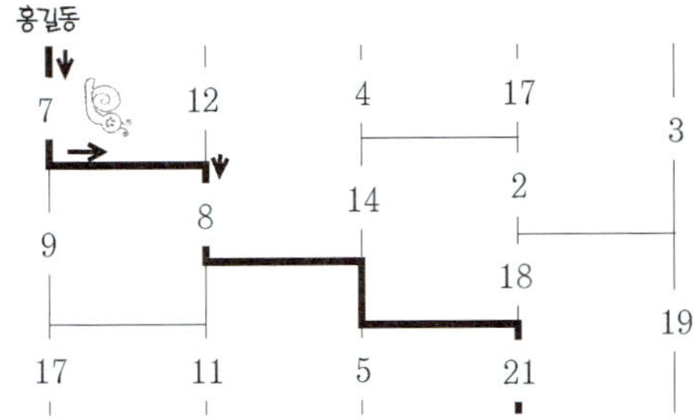

- 위의 사다리타기의 순서대로 덧셈식을 쓰고 계산하세요.

홍길동	7	+	8	+	21	=	36
	12	+	9	+	11	=	32
	4	+	2	+	19	=	25
	17	+	14	+	17	=	48
	3	+	18	+	5	=	26

연산(수감각) | 덧셈의 어림 | ❶❷❸④⑤⑥

덧셈식을 만들어요

다음 덧셈식이 바르게 되도록 35, 9, 8, 10, 15 만을 빈 칸에 넣어 식을 완성하세요. 필요하면 계산기를 사용하여도 됩니다.

9 + 8 = 17
(8 + 9 = 17)

9 + 15 = 24
(15 + 9 = 24)

35 + 15 = 50
(15 + 35 = 50)

35 + 10 = 45
(10 + 35 = 45)

10 + 9 = 19
(10 + 9 = 19)

10 + 8 = 18
(10 + 8 = 18)

35 + 8 = 43
(8 + 35 = 43)

35 + 9 = 44
(9 + 35 = 44)

15 + 8 = 23
(15 + 8 = 23)

15 + 10 = 25
(15 + 10 = 25)

연산(수감각) | 뺄셈의 어림 | ❶❷❸④⑤⑥

뺄셈식을 만들어요

다음 뺄셈식이 바르게 되도록 15, 8, 6, 5, 3 만을 빈 칸에 넣어 식을 완성하세요. 필요하면 계산기를 사용하여도 됩니다.

6 − 5 = 1

5 − 3 = 2

8 − 6 = 2

8 − 5 = 3

6 − 3 = 3

8 − 3 = 5

15 − 8 = 7

15 − 5 = 10

15 − 6 = 9

15 − 3 = 12

8 − 3 = 5

15 − 7 = 8

수 배열하기

다음은 조건에 따라 1, 2, 3, 5, 6, 7를 배열한 예입니다.

조건
- 가로로 더하면 12로 같습니다.
- 세로로 더하면 8로 같습니다.

1	6	5	1+6+5=12
7	2	3	7+2+3=12
1+7=8	6+2=8	5+3=8	

3	7	2	3+7+2=12
5	1	6	5+1+6=12
3+5=8	7+1=8	2+6=8	

위와 같은 방법으로 다음의 숫자들을 여러 가지 방법으로 배열하여 보세요.

2, 4, 8, 12, 16, 18

조건 ① 가로 합 : 30 ② 세로 합 : 20

			가로 합
2	16	12	30
18	4	8	30
20	20	20	

세로 합

4	8	18	30
16	12	2	30
20	20	20	

8	4	18	30
12	16	2	30
20	20	20	

6, 9, 12, 18, 21, 24

조건 ① 가로 합 : 45 ② 세로 합 : 30

			가로 합
9	12	24	45
21	18	6	45
30	30	30	

세로 합

18	21	6	45
12	9	24	45
30	30	30	

24	9	12	45
6	21	18	45
30	30	30	

삼목 게임

필요한 것 주사위 3개, 바둑돌, 연필

- **게임 목표** 주사위 3개를 던져 나온 세 수를 더하거나 빼어 나온 결과값에 말을 놓아 세 개의 말을 연속으로 놓기(삼목)
- **게임 방법**

① 2명이 번갈아 가면서 게임을 한다.

② 3개의 주사위를 던져서, 나타난 눈의 수를 더하거나 빼거나 하여, 마음에 드는 쪽의 답에 자기 말을 놓는다. 예를 들어, 6, 5, 3의 눈이 나왔을 때, 6+5+3=14, 6−5+3=4, 5+3−6=2, 6+5−3=8 중에서 마음에 드는 수를 선택하여 바둑돌을 놓는다.

③ 세로나 가로나 대각선으로 세 개의 말을 연속으로 (삼목) 먼저 놓는 사람이 이긴다.

0	5	7	13	15	2	4	7
6	9	3	6	1	12	17	5
1	15	17	10	9	8	16	6
7	8	6	12	14	7	9	10
9	18	16	13	2	3	0	18
4	2	11	17	1	15	7	2
15	6	14	8	18	4	5	11
10	9	3	5	12	16	8	9

게 임 판

0	5	7	13	15	2	4	7
6	9	3	6	1	12	17	5
1	15	17	10	9	8	16	6
7	8	6	12	14	7	9	10
9	18	16	13	2	3	0	18
4	2	11	17	1	15	7	2
15	6	14	8	18	4	5	11
10	9	3	5	12	16	8	9

연산(수감각)	목표수만큼 덧셈하기	❶❷❸④⑤⑥

보물 모으기

※ 여러분은 지금 온라인으로 친구들과 컴퓨터로 〈보물 모으기〉 게임을 하고 있습니다. 〈보물 모으기〉는 탐험가가 탐험로를 따라 이동하면서 주어진 보물(점수)을 모아 도착지점까지 왔을 때 10000점을 모으는 길을 찾아내는 게임입니다.

필요한 것 계산기, 게임인원 2~4명

◕ **게임 목표** 10000 만드는 길 먼저 찾아가기

◕ **게임 방법**

① 길 위에 있는 수를 더합니다.
② 도착지점에서 10000점을 모으는 길을 찾습니다.
③ 길을 먼저 찾는 사람이 승리합니다.
④ 한 번 간 길은 다시 갈 수 없습니다.

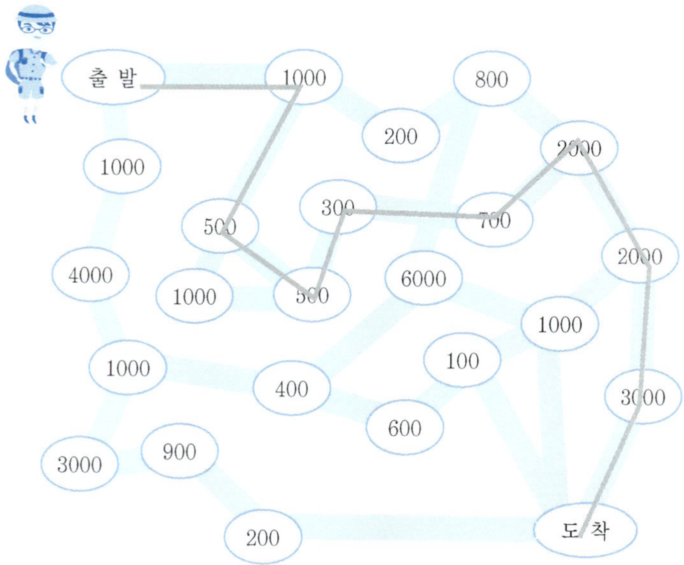

연산(수감각)	큰 수 어림하기	❶❷❸④⑤⑥

과일 사는 방법

과일값으로 16800원을 지불했습니다. 어떻게 과일을 샀을지 화살표(⇨, ⇩)에 색칠을 하여 과일을 산 방법을 있는 대로 찾아보세요.

힌 트

① 답은 여러 가지가 있습니다.
② 백의 자리에 주목하세요.

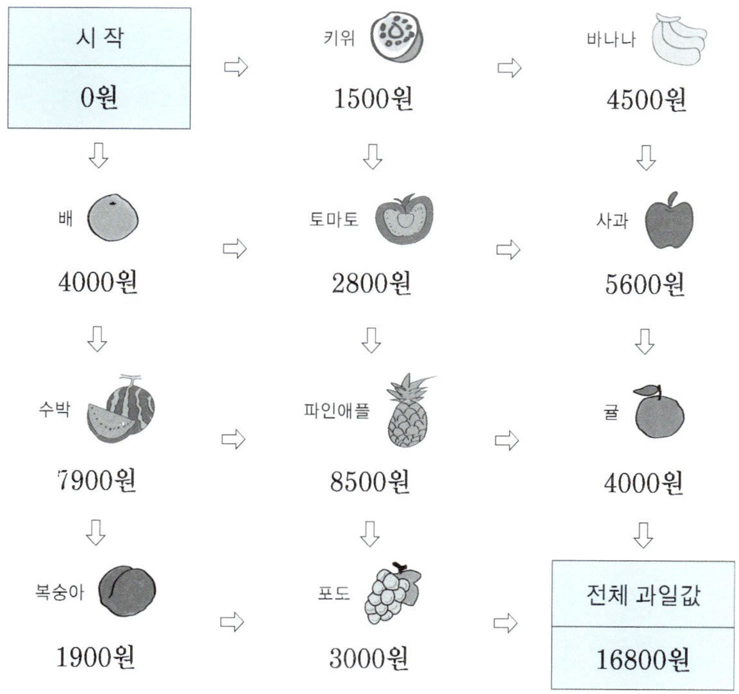

마방진을 완성하자

※ 다음은 1~9로 만든 표입니다.

4	9	2
3	5	7
8	1	6

◎ 위 표에서 가로를 더한 값은 얼마입니까?

4 9 2 ⇨ 합 15

3 5 7 ⇨ 합 15

8 1 6 ⇨ 합 15

◎ 위 표에서 세로를 더한 값은 얼마입니까?

4, 3, 8 ⇩ 합 15

9, 5, 1 ⇩ 합 15

2, 7, 6 ⇩ 합 15

◎ 위 표에서 대각선을 더한 값은 얼마입니까?

2, 5, 8 ⇙ 합 15

4, 5, 6 ⇘ 합 15

위와 같이 빈 칸의 수들을 가로, 세로 또는 대각선으로 더했을 때 같은 값이 나오는 표를 **마방진**이라고 합니다.

빈칸의 수가 가로, 세로, 대각선으로 더했을 때 같은 값이 되도록 다음을 완성하세요.

56	21	28
7	35	63
42	49	14

※ 대각선의 56+35+14를 해보면 세 수의 합은 105가 됨을 알 수 있다.

지름길을 찾아라!

다음은 준서네 집에서 학교까지 가는 길입니다. 준서는 매일매일 어떤 길로 가야 할지 고민이 많습니다. 학교까지 가는 가장 짧은 길에 색칠하세요.

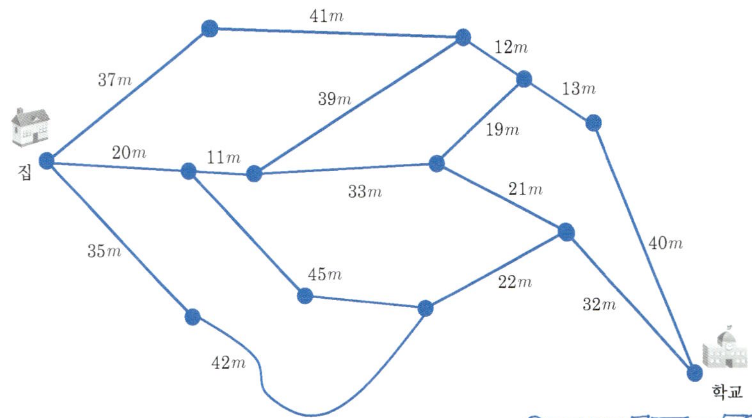

A코스=37+41+12+13+40=143

B코스=20+11+33+21+32=117 B코스가 가장 짧다.

C코스=20+45+22+32=119

D코스=35+42+22+32=131

갈 수 있는 여러 가지 길의 거리를 계산기로 계산해 보세요.

도전! 덧셈 퍼즐

0부터 9까지 카드가 한 장씩 있습니다. 보 기 와 같이 □안에 서로 다른 카드를 넣어 덧셈식이 바르게 되도록 해 봅시다.

보 기

$$\begin{array}{r} 12 \\ +\ 74 \\ \hline 86 \end{array}$$

1

$$\begin{array}{r} \square\square \\ +\ \square\square \\ \hline \square\square \end{array}$$

2

$$\begin{array}{r} \square \\ +\ \square\square \\ \hline \square\square \end{array}$$

3

$$\begin{array}{r} \square\square \\ +\ \square\square\square \\ \hline \square\square\square \end{array}$$

답은 여러 가지가 있습니다. 짝의 답과 비교해 보세요.

위의 문제에서 답이 가장 큰 경우를 찾아보세요.

도전! 뺄셈 퍼즐

0부터 9까지 카드가 한 장씩 있습니다. □안에 서로 다른 카드를 넣어 뺄셈의 세로셈이 바르게 되도록 해 보세요.

1

$$\begin{array}{r} 50 \\ -\ 38 \\ \hline 12 \end{array}$$

2

$$\begin{array}{r} 20 \\ -\ 7 \\ \hline 13 \end{array}$$

3

$$\begin{array}{r} 209 \\ -\ 75 \\ \hline 134 \end{array}$$

답은 여러 가지가 있습니다. 짝의 답과 비교해 보세요.

위의 문제에서 답이 가장 작은 경우를 찾아보세요.

고장난 계산기

오래된 계산기의 몇몇 버튼이 고장났네요. [2], [3], [+], [−], [=] 만으로 1부터 20까지의 수를 만들 수 있을까요?

1	만들기 : 3−2=
2	만들기 : 2+2−2=
3	만들기 : 2+2+2−3=
4	만들기 : 2+2+2−2=
5	만들기 : 2+3=
6	만들기 : 3+3=
7	만들기 : 3+2+2=
8	만들기 : 2+3+3=
9	만들기 : 3+3+3=
10	만들기 : 3+3+3+3−2= 또는 2+2+2+2+2=
11	만들기 : 3+3+3+2= 또는 2+2+2+2+3=
12	만들기 : 3+3+3+3= 또는 2+2+2+2+2+2=
13	만들기 : 3+3+3+2+2= 또는 2+2+2+2+2+3=
14	만들기 : 생략
15	만들기 : 생략
16	만들기 : 생략
17	만들기 : 생략
18	만들기 : 생략
19	만들기 : 생략
20	만들기 : 3+3+3+3+3+3+2=

두 가지 식으로 계산하기 (1)

다음 그림을 보고 모두 몇 개인지 두 가지 식으로 구해 봅시다.

1

4 + 4 + 4 = 12

4 × 3 = 12

2

3 + 3 + 3 + 3 + 3 = 15

3 × 5 = 15

3

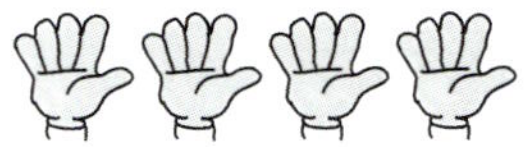

5 + 5 + 5 + 5 = 20

5 × 4 = 20

4

6 + 6 + 6 = 18

6 × 3 = 18

5

2 + 2 + 2 + 2 + 2 + 2 = 12

2 × 6 = 12

6

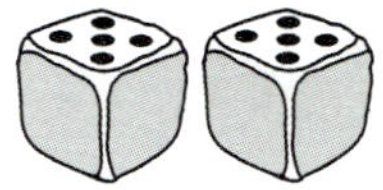

5 + 5 = 25

5 × 2 = 25

연산(곱셈)	곱셈의 의미	①❷❸④⑤⑥

두 가지 식으로 계산하기 (2)

덧셈식과 곱셈식을 계산해 보세요.

80 + 80 + 80 = 240
80 × 3 = 240
두 식의 답이 같은가요? (예), 아니오)

19 + 19 + 19 + 19 = 76
19 × 4 = 76
두 식의 답이 같은가요? (예), 아니오)

같은 수끼리의 덧셈(+) 계산을 반복하여 여러 번 해야 할 때, 계산기로 덧셈하는 횟수만큼 '(더하는 수) ×(횟수)'를 입력하면 답을 쉽게 얻을 수 있어요.

덧셈식과 같아지도록 곱셈식을 쓰고 계산해 보세요.

1. 4 + 4 + 4 + 4 = 16
   4 × 4 = 16

2. 5 + 5 = 10
   5 × 2 = 10

같은 수를 여러 번 더할 때, 예를 들어, 7+7+7+7+…을 할 때, 계산기에 7+7===… 이라고 입력해도 같은 결과가 나옵니다.

3. 6 + 6 + 6 + 6 + 6 + 6 = 36
   6 × 6 = 36

4. 7 + 7 + 7 + 7 + 7 = 35
   7 × 5 = 35

5. 13+13+13+13+13+13+13+13+13= 117
   13 × 9 = 117

연산(곱셈)	0이 들어간 곱셈의 규칙 파악하기	①❷❸④⑤⑥

0이 들어간 곱셈 (1)

곱셈을 해 봅시다. 필요하면 계산기를 사용하세요.

2 × 4 = 8	20 × 40 = 800	200 × 400 = 80000
5 × 3 = 15	50 × 3 = 150	500 × 300 = 150000
7 × 2 = 14	7 × 20 = 140	700 × 200 = 140000
6 × 9 = 54	60 × 90 = 5400	600 × 900 = 540000
4 × 7 = 28	40 × 7 = 280	400 × 700 = 280000

0이 들어있는 곱셈에 대한 규칙을 말해 보세요.

곱하는 수에 들어있는 0의 개수만큼 답에서 0을 써 넣으면 됩니다.

뺄셈에서 곱셈식을 찾아라!

※ 23−8의 결과 15는

3 × 5 또는 5 × 3

과 같이 곱셈식으로 쓸 수 있습니다.

다음 뺄셈식의 결과를 곱셈식으로 나타내어 보세요.

뺄셈식	결과	곱셈식
100 − 1	99	9 × 11
200 − 2	198	9 × 22
300 − 3	297	9 × 33
400 − 4	396	9 × 44
500 − 5	495	9 × 55
600 − 6	594	9 × 66

◎ 위의 규칙에 따라 아래 빈칸을 채우세요.

뺄셈식	결과	곱셈식
700 − 7	693	9 × 77
800 − 8	792	9 × 88
900 − 9	891	9 × 99
1000 − 10	990	9 × 110

※ 참고 : 100×□−□=99×□=9×11×□

0이 들어간 곱셈 (2)

곱셈을 해 봅시다. 필요한 경우 계산기를 사용하세요.

12 × 4 = 48　　120 × 4 = 480　　1200 × 40 = 48000

12 × 3 = 36　　120 × 30 = 3600　　120 × 300 = 36000

11 × 6 = 66　　110 × 6 = 660　　110 × 600 = 66000

3 × 13 = 39　　30 × 130 = 3900　　300 × 130 = 39000

14 × 6 = 84　　140 × 6 = 840　　1400 × 60 = 84000

3 × 22 = 66　　30 × 22 = 660　　300 × 220 = 66000

연산(수감각)	곱셈식 요소의 이해	①❷❸❹⑤⑥

암호로 된 쪽지

암호가 적힌 쪽지가 배달되었습니다. 다음 곱셈을 계산하여 암호를 풀어보세요.

해결방법

① 먼저 곱셈식을 계산하세요.

② 문자카드 뒷면에는 숫자가 적혀있습니다. 이 숫자를 작은 것부터 순서대로 배열하면 쪽지의 암호를 해결할 수 있어요.

1[산] × 4 = 5 2

2 4 × [계] = 4 8

[구]3 × 3 = 2 4 9

4 7 × [가] = 2 8 2

5[좋] × 9 = 5 1 3

7[씨] × 8 = 6 0 0

6 8 7 × [나] = 6 1 8 3

[솜]0 3 × [솜] = 1 6 1 2

㉮계 − 2, ㉯산 − 3, ㉰구 − 8, ㉱가 − 6, ㉲좋 − 7, ㉳씨 − 5, ㉴나 − 9, ㉵솜 − 4 이니까

숫자	2	3	4	5	6	7	8	9
암호	계	산	솜	씨	가	좋	구	나

연산(수감각)	곱셈구구표 만들기	①❷❸❹❺⑥

빈 칸에 어떤 수가 들어갈까?

빈칸을 10보다 작은 수로 채워 아래 곱셈표를 완성해보세요.
(계산기를 사용하지 않고 해결해 보세요)

×			⑦	
	6	10	14	18
	12	20	28	36
⑥	18	30	42	54
	24	40	56	72

빈칸을 30보다 작은 수로 채워 아래 곱셈표를 완성해보세요.
(필요하다면 계산기를 사용해 보세요.)

×				
	48	120	184	232
	84	210	322	406
	114	285	437	551
	162	405	621	783

답이 가장 작은 곱셈은?

숫자 7, 6, 8, 2를 한 번씩 써서 가장 작은 '세 자리 수×한 자리 수'를 만들려고 합니다. 곱셈 결과가 가장 작게 되는 곱셈식을 찾아 ○를 그리세요.

연 습

$268 \times 7 = 1876$ (○) $678 \times 2 = 1356$ $278 \times 6 = 1668$

숫자 9, 2, 6, 1을 한 번씩 써서 가장 작은 '세 자리 수×한 자리 수'를 만들려고 합니다. 곱셈 결과가 가장 작게 되는 곱셈식을 찾아 ○를 그리세요.

연 습

(○) $269 \times 1 = 269$ $129 \times 6 = 774$ $169 \times 2 = 338$

위의 문제들에서 곱셈 결과가 가장 작은 곱셈식의 공통점은 무엇입니까?

가장 작은 수를 곱하는 수 자리에 쓰고, 그 다음 작은 수를 곱해지는 수의 큰 자리수부터 쓰면 됩니다.

왜 그렇게 되는지 이유를 생각해 봅시다.

곱하는 수가 가장 작은 수일수록 적게 곱해지므로 곱이 작아지고, 곱해지는 수에서 큰 자리수에 작은 수가 올수록 곱이 작아진다.

답이 가장 큰 곱셈은?

숫자 7, 6, 8, 2를 한 번씩 써서 가장 작은 '세 자리 수×한 자리 수'를 만들려고 합니다. 곱셈 결과가 가장 큰 곱셈식을 찾아 ○를 그리세요.

연 습

$872 \times 6 = 5232$ (○) $762 \times 8 = 6096$ $862 \times 7 = 6034$

숫자 9, 2, 6, 1을 한 번씩 써서 가장 작은 '세 자리 수×한 자리 수'를 만들려고 합니다. 곱셈 결과가 가장 큰 곱셈식을 찾아 ○를 그리세요.

연 습

(○) $621 \times 9 = 5589$ $921 \times 6 = 5526$ $\square\square\square \times \square$

위의 문제들에서 곱셈 결과가 가장 작은 곱셈식의 공통점은 무엇입니까?

가장 큰 수를 곱하는 수 자리에 쓰고, 그 다음 큰 수부터 곱해지는 수의 앞 자리 수에 위부터 차례로 쓰고 계산했을 때 곱셈 결과가 가장 크다.

왜 그렇게 되는지 이유를 생각해 봅시다.

곱하는 수는 곱해지는 모든 수에 한번씩 곱하게 되므로 가장 큰 수일 때 곱이 가장 크고, 곱해지는 수에서 큰 수가 큰 자리 수일 때 곱이 가장 크다.

연산(곱셈·수감각)	세 자리 수의 곱셈	①②❸❹❺⑥

어느 것이 클까?

숫자 4, 9, 5, 2만을 이용하여 만들 수 있는 가장 큰 '세 자리 수×한 자리 수'와 '두 자리 수×두 자리 수' 중 어느 것이 더 클까요? 더 큰 식을 찾아 ○를 그리세요.

연 습

$952 \times 4 = 3808$

$942 \times 5 = 4710$

$542 \times 9 = 4878$

$94 \times 52 = 4888$

$92 \times 54 = 4968$ (○)

숫자 6, 7, 8, 9만을 이용하여 만들 수 있는 가장 큰 '세 자리 수×한 자리 수'와 '두 자리 수×두 자리 수'중 어느 것이 더 클까요?

1 '세 자리 수×한 자리수' 와 '두 자리 수×두 자리 수' 중 어느 것이 더 클 거라고 생각합니까?

2 계산기로 확인해 보세요.

□□□ × □

□□ × □□

왜 그렇게 된다고 생각합니까?

연산(수감각)	나눗셈하기	①②③❹❺❻

나눗셈 비교하기 게임

필요한 것 숫자카드 3~8, 게임판, 말, 게임인원 2명

- 게임 목표 주어진 수와 나눈 결과의 크기를 비교하여 도착점에 먼저 도착하기
- 게임 방법

① 두 사람이 가위 바위 보를 하여 순서를 정합니다.
② 먼저 한 사람이 다음 숫자 카드 중 한 장을 뽑고, 다시 섞은 후에 다른 사람이 한 장을 뽑습니다.
③ 게임판에 나타난 수를 숫자카드의 수로 나눈 결과를 비교하여 더 큰 사람이 3칸을 전진하고, 두 사람이 같은 결과이면 같이 1칸씩 전진합니다.
④ 도착점에 먼저 도착한 사람이 이깁니다.

게 임 판

출발 15	17	20	9	16	23
23	12	7	85	63	27
43	62	8	도착	29	14
90	28	53	76	16	34
12	34	22	54	49	71

측정	직사각형 넓이의 최댓값	①②③④⑤⑥

임금님의 꽃밭

어느 날, 임금님께서 궁궐에 직사각형 모양의 꽃밭을 만들려고 하였습니다. 꽃밭의 울타리를 만드는 재료가 한정되어 있어, 울타리를 둘레가 48m인 직사각형으로 만들었습니다.

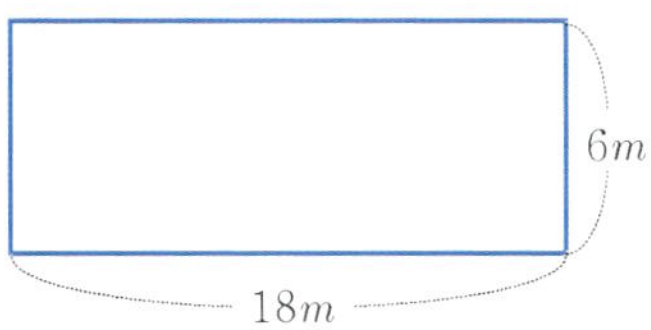

1 이 꽃밭의 넓이는 몇 m^2입니까?

2 위의 꽃밭과 둘레의 길이가 같은 사각형을 여러 개 생각해보고, 넓이가 가장 넓은 것은 가로의 길이가 얼마인지 구하세요.

둘레	가로	세로	넓이
48	18	6	108
	17	7	119
	16	8	128
	15	9	135
	14	10	140
	13	11	143
	12	12	144
	11	13	143
	10	14	140
	9	15	135
	8	16	128

가로와 세로의 합은 24m이다. 가로가 12m 세로가 12m일 때 넓이가 144m^2로 가장 넓다. (가로와 세로의 계산결과가 바뀐 경우는 같은 값이 나온다.)

연산(수감각)	괄호가 있거나 없는 사칙연산의 혼합계산	①②③④⑤⑥

역시 순서가 중요해

다음 식을 계산기로 계산하여 답을 써 봅시다.

$2+3\times6=$ 20　　$25+5\div5=$ 26

$18\times8-4=$ 140　　$25\div5+3=$ 8

$12\times2-5=$ 19　　$10-4\div2=$ 8

◎ 위의 식들은 어떤 순서로 계산된 것인지 보기 와 같이 옳은 순서에 표시하세요.

보기

$2+3\times6$ (○) ( )

$25+5\div5$ (○) ( )

$18\times8-4$ ( ) (○)

$25\div5+3$ ( ) (○)

$12\times2-5$ ( ) (○)

$10-4\div2$ (○) ( )

괄호는 왜 쓰지?

다음을 알아봅시다.

◎ 다음을 계산기에 입력하여 보세요.
2 + 3 × 6 = 은 얼마입니까? 20

◎ 어떤 순서로 계산되었나요?
① 3×6 ② 2+18

◎ 다음을 계산기에 입력하여 보세요.
(2 + 3) × 6 = 은 얼마입니까? 30

◎ 어떤 순서로 계산되었나요?
① 2+3 ② 5×6

> 괄호( )가 포함된 식은 괄호가 먼저 계산됩니다. 즉, 2+3을 먼저 계산하려면 괄호 ( )를 사용할 수 있습니다.

◎ 다음 식을 계산해본 뒤 두 값을 비교해 보세요.

① $18\times6-4=$ 104 $18\times(6-4)=$ 36
② $12\times2-1=$ 23 $12\times(2-1)=$ 12
③ $18-4\div2=$ 16 $(18-4)\div2=$ 7
④ $15+5\div5=$ 16 $(15+5)\div5=$ 4

◎ 다음 중 괄호를 사용하지 않아도 계산 결과가 같은 것에 ○표 하세요.

$(8\times2)-4$ (○) $32\div(5-3)$
$25\times(6-2)$ $(16\div4)-2$ (○)

참고 : +, −, ×, ÷가 함께 있는 식에서는 ×, ÷를 먼저 계산하기 때문에 ×, ÷에는 괄호를 사용할 필요가 없다. 따라서 $(8\times2)-4$ 와 $(16\div4)-2$은 괄호를 할 필요가 없다.

야구 성적 구하기

선수 \ 성적	1루타	2루타	3루타	홈런
송기도	25	11	7	8
유상욱	15	9	3	3

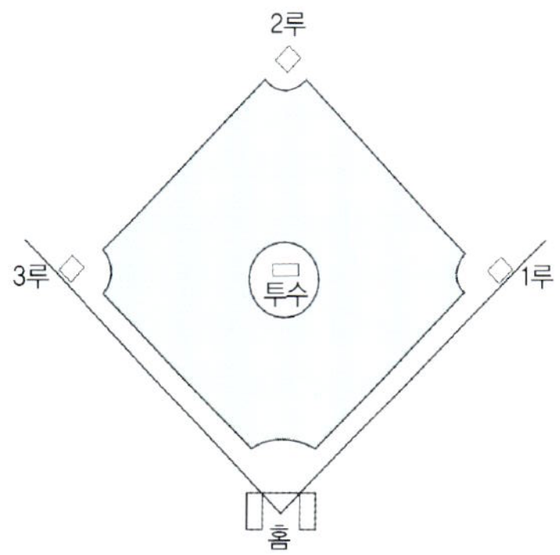

위 표는 초등학교 야구부 두 선수의 올해 주요 성적입니다. 1루, 2루, 3루, 홈의 각 루 사이의 거리가 23m일 때, 두 선수가 달린 거리를 모두 구하세요.

선수 \ 계산	계산 과정 쓰기	계산 결과
송기도	25×23+11×23×2+7×23×3+8×23×4= 575+506+483+736=2300	2300m
유상욱	15×23+9×23×2+3×23×3+3×23×4= 345+414+207+276=1242	1242m

지금은 할인 행사 중!

어린이 6명이 오후 1시 30분에 샌드위치 가게에 갔습니다. 이 어린이들은 샌드위치 하나를 살 때마다 같은 샌드위치 하나를 더 받을 수 있는 〈1+1〉 쿠폰 3장을 가지고 있습니다. 어린이들은 샌드위치 6개, 고구마 샐러드 3개와 쥬스 6잔을 사려고 합니다. 아래 가격표를 보고 값이 가장 싸게 사는 방법을 찾아보세요.(단, 구입한 음식을 다른 사람에게 팔 수 없으며, 세트 메뉴를 구입할 때 쿠폰을 사용할 수 없습니다.)

가격표

샌드위치	3000원
고구마 샐러드	1000원
쥬스	1100원
샌드위치 세트 (샌드위치+고구마 샐러드+쥬스)	4500원 (단, 오전 11시~오후 2시에는 3000원)

1. 샌드위치 6개와 고구마 샐러드 3개, 쥬스 6잔을 그냥 먹게 되면 3000×6+100×3+1100×6 =27600(원)이 된다. 쿠폰을 3장 사용하게 되면 9000원을 절약하게 되어 18600원이 된다.
2. 샌드위치 세트를 한 개 시키는 경우에는 3000원을 사용한 상태에서 샌드위치 5개와 고구마 샐러드 2개 쥬스 5개가 더 필요하게 된다. 샌드위치 5개는 쿠폰 2장을 더 이용하여 9000원에 구입하고, 고구마 샐러드와 쥬스는 7500원을 사용하게 된다. 따라서 총 19500원을 사용하게 된다.
3. 샌드위치 세트를 두 개 시키는 경우에는 6000원을 사용한 상태에서 쿠폰2개를 이용하여 샌드위치 4개를 6000원, 고구마 샐러드 1개와 쥬스 4개를 5400원에 구입하게 된다. 따라서 총 17400원을 사용하게 된다.
4. 샌드위치 세트를 세 개 시키는 경우에는 9000원을 사용한 상태에서 쿠폰 1개를 이용하여 샌드위치 3개를 6000원, 고구마 샐러드는 이미 세 개가 되었고, 쥬스 3개를 3300원에 구입하여 총18300원을 사용하게 된다. 따라서 가장 싸게 메뉴를 고르는 방법은 샌드위치 세트 두 개와 쿠폰 2개를 사용하는 것이다.

혼자하는 0 만들기 게임

필요한 것 계산기

- 게임 목표 다섯 번째 이내 연산에서 0 만들기
- 게임 방법

① 세 자리 수를 입력하는 것으로 시작한다. (예를 들어, 386)

② 입력한 수에 '+, −, ×, ÷'와 한 자리 수를 입력하고 '='을 입력하여 처음 입력한 수를 작게 만든다.

③ 계속하여 앞의 수에 연산 기호와 수를 입력하여 새로운 수를 나타나게 한다.

④ 다섯 번째 이내 단계에서 0을 만들어야 한다. 만약 0을 만들지 못하면 그 게임은 실패한 것이다.

⑤ 만약 소수가 나오는 경우에는 이전 수를 입력하고 다시 연산식을 입력한다.

입력할 연산기	계산기 화면
	386
−	8
=	378
÷	9
=	42
÷	7
=	6
−	6
=	0

□: 입력화면 □: 결과화면

◎ 다섯 번째 단계까지 0이 되도록 게임 수를 기록하면서 해 봅시다. 성공했을 때 ( )에 ○표를 해 봅시다.

단계	예) 386 (○)	702 (○)	561 (○)	( )
①	386 − 8 = 378	702 ÷ 9 = 78	561 − 3 = 558	□ =
②	÷ 9 = 42	78 − 6 = 72	558 ÷ 9 = 62	□ =
③	÷ 7 = 6	72 ÷ 9 = 8	62 + 1 = 63	□ =
④	− 6 = 0	8 − 8 = 0	63 ÷ 9 = 7	□ =
⑤	□ =	□ =	□ =	□ =

게임에서 성공하려면 어떤 전략이 필요할까요?

9로 나누는 것이 수를 가장 작게 만들 수 있는 방법이므로, 9의 배수를 만들어 9로 나누어야 한다. 9의 배수는 각 자리 수의 합이 9의 배수인 수이므로, 한 자리 수를 더하거나 빼어 각 자리 수의 합이 9의 배수가 되도록 한다.

연산(자릿값)	숫자의 위치에 따른 자릿값 알기	①❷❸④⑤⑥

0으로 바꾸기 게임

필요한 것 계산기 2개, 게임인원 2명

- **게임 목표** 계산에서 특정 자리수를 0으로 바꾸기
- **게임 방법** 두 사람이 계산기를 각각 하나씩 가지고 시작한다.

① 첫 번째 선수가 세 자리 수를 자신의 계산기에 입력하고 두 번째 선수에게 같은 수를 계산기에 입력하라고 한다. (예를 들어, 369)

② 첫 번째 선수가 두 번째 선수에게 특정 자리 숫자 하나만 0으로 바꾸라고 지시한다.(예를 들어, 6을 0으로 바꾸라고 하면 두 번째 선수는 화면에 309가 남도록 해야 한다) 두 번째 선수가 지시를 수행할 동안 첫번째 선수도 자신의 계산기로 확인한다.(오른쪽 표는 60을 빼어 309를 만든 그림이다)

③ 두 번째 선수가 연산을 올바르게 했다면 1점을 얻는다. 역할을 바꾸어 10점을 먼저 얻는 사람이 승리한다.

입력할 연산키	계산기 화면
	369
−	60
=	309

□: 입력화면 □: 결과화면

점 수 표

선수 \ 점수	1회	2회	3회	4회	5회	6회	7회	8회	9회	10회	점수합
선수 A											
선수 B											

연산(자릿값)	숫자의 위치에 따른 자릿값 알기	①❷❸④⑤⑥

0으로 바꾸기 모둠 게임

필요한 것 계산기 모둠별 1개, 모둠(4~6명)

- **게임 목표** 특정 자리수를 0으로 만들어 점수 많이 따기
- **게임 방법**

① 모둠에 6명이 있으면 처음에 여섯 자리 수를 입력한 다. (예를 들어, 364812) 만약, 모둠이 4명이면 네자리 수를 입력한다.

② 한 사람씩 돌아가면서 한 자리의 숫자를 0으로 바꾸는데, 첫 번째 사람이"나는 8을 0으로 바꿀거야"라고 말하면서 −800을 입력하여 364012가 되도록 하고, 결과를 모두에게 보여준다. 맞게 되었으면 첫 번째 사람은 1점을 얻는다.

③ 계산기를 두 번째 사람에게 넘겨준다. 두 번째 사람은 "나는 6을 0으로 바꿀 거야"라고 말하면서 −60000을 입력하여 304012가 되도록 한다. 결과를 모두에게 보여주고, 맞았으면 두 번째 사람도 1점을 얻는다.

④ 이런 식으로 6명 모두가 다 했으면, 또 다른 여섯 자리 수를 입력하여 반복한다. 5~6회 실시하여 점수를 많이 딴 사람이 이긴다.

입력할 연산키	계산기 화면
	364812
−	800
=	364012
−	60000
=	304012

□: 입력화면 □: 결과화면

점 수 표

선수 \ 점수	1회	2회	3회	4회	5회	6회	7회	8회	9회	10회	점수합
선수 A											
선수 B											
선수 C											
선수 D											
선수 E											
선수 F											

남는 건 모두 내꺼!

필요한 것 계산기 2~4개, 주사위 1개

- **게임 목표** 주사위를 굴려 나온 수의 자리값만큼 점수로 가져가기
- **게임 방법**

① 첫 번째 선수가 숫자 1, 2, 3, 4, 5, 6만을 이용하여 중복되지 않도록 세 자리 숫자를 계산기에 입력한다. (예를 들어, 452)

입력할 연산키	계산기 화면
	452
−	50
=	402

□ : 입력화면 □ : 결과화면

② 첫 번째 선수가 주사위를 굴려 나타난 수가 세 자리 숫자 중 하나와 일치하면 그 수만큼을 계산기에서 빼어 자기 점수로 만든다. 만약 5가 나왔다면 계산기에서 −50을 하여 50점을 얻고 계산기에는 402가 남는다. 계산이 틀린다면, 점수를 얻을 수 없다.

③ 주사위 숫자가 첫 번째 선수가 입력한 계산기의 어떤 숫자와도 일치하지 않는다면 점수를 얻을 수 없으며, 순서는 두 번째 선수에게로 넘어간다. 앞 사람이 계산기에 나온 수를 모두 빼어 계산기에 0이 남는다면 다음 사람에게는 기회가 더 이상 없다. 만약 모두가 한 번씩 했는데도 계산기에 숫자가 남아있다면, 첫 번째 선수가 자신의 점수로 모두 가져갈 수 있다.

④ 인원수만큼 게임을 실시한 다음, 점수가 가장 높은 선수가 이긴다. 예를 들어, 4명이라면 4회까지, 5명이라면 5회까지 실시한다.

점 수 표

선수	1회	2회	3회	4회	5회

어 림 셈

정답에 가장 가까울 것으로 생각되는 수에 ○표를 해 보세요.
계산기로 정확한 답을 확인한 후, 맞았는지 표시해 보세요.

문제	어림	정답	결과(○, ×)
52 + 29	70 (80) 90	81	○
24 + 53	70 (80) 90	77	
19 + 48	50 60 (70)	67	
39 + 33	(70) 80 90	72	
63 + 21	70 (80) 90	84	
38 + 48	70 80 (90)	86	
50 + 39	70 80 (90)	89	
45 + 42	70 80 (90)	87	
27 + 58	70 80 (90)	85	

5를 포함하여 5이상 되는 수(5, 6, 7, 8, 9)는 10으로 어림하고, 5미만인 수(4,3,2,1)는 0으로 어림합니다.

곱셈 어림 게임

필요한 것 계산기

- 게임 목표 계산 결과의 범위를 보다 정확히 예상하기
- 게임 방법

① 다음과 같은 부등식을 보고 10초 안에 대략적인 답의 범위를 예상하여 양쪽의 □안에 각각 수를 적습니다. (문제를 보고 10초 안에 적어야 합니다.)

□ 〈 4×7×3 〈 □

② 계산기를 활용하여 자신이 예상한 범위에 답이 포함되는지 확인합니다.

③ 자신이 예상한 범위에 답이 포함되면 점수를 1점 얻을 수 있습니다.

④ 두 사람이 게임을 할 경우 양 끝 수의 차이가 적은 사람이 1점을 더 얻습니다.

□〈4×7×3〈□	□〈 9×7×2〈□ (126)	□〈 5×7×4〈□ (140)	□〈 6×9×8〈□ (432)
나의 답 80 와 90	나의 답 □와□	나의 답 □와□	나의 답 □와□
친구의 답 75 와 95	친구의 답 □와□	친구의 답 □와□	친구의 답 □와□
나의 답은 맞나요?(○) 친구의 답은 맞나요?(○)	나의 답은 맞나요?( ) 친구의 답은 맞나요?( )	나의 답은 맞나요?( ) 친구의 답은 맞나요?( )	나의 답은 맞나요?( ) 친구의 답은 맞나요?( )
양 끝 수의 차가 적은 사람은? ((나), 친구)	양 끝 수의 차가 적은 사람은? (나, 친구)	양 끝 수의 차가 적은 사람은? (나, 친구)	양 끝 수의 차가 적은 사람은? (나, 친구)

총 획득 점수 (   ) 점

큰 수 어림하기

필요한 것 계산기

- 게임 목표 곱셈으로 목표수에 가장 가까운 수 만들기
- 게임 방법 계산기를 사용합니다.

① 빈칸에 4~9까지 서로 다른 수를 하나씩 넣습니다.

② 곱셈을 하여 계산 결과가 목표 수에 최대한 가까운 수를 만듭니다.

③ 각 문제의 빈 칸을 채우고 목표수와의 차이를 적습니다.

④ 계산 결과가 목표수와의 차를 모두 합하여 가장 적은 사람이 승리합니다.

목표수	계산 결과	계산결과와 목표수와의 차
25000	5 9 8 7 × 4 = 23948	25000−23948 = 1052
50000	□×□□□□ = 〈예시〉 5×9876=49380	〈예시〉 620
80000	□×□□□□ = 〈예시〉 8×9765=78120	〈예시〉 1880
40000	□×□□□□ = 〈예시〉 4×9876=39504	〈예시〉 496
35000	□×□□□□ = 〈예시〉 36×987=35532	〈예시〉 532
70000	□×□□□□ = 〈예시〉 74×986=72964	〈예시〉 2964

총합 : ____________

직사각형의 넓이 추측하기

두 직사각형 중 넓이가 큰 직사각형 안에 ○표 하세요.
(넓이를 추측하고, 계산기로 답을 확인하세요.)

1. 72 × 51 (○) / 62 × 59
   72×51=3672 / 62×59=3658

2. 98 × 32 / 81 × 58 (○)
   98×32=3136 / 81×58=4698

3. 71 × 128 (○) / 143 × 59
   71×128=9088 / 143×59=8437

소수 뺄셈 어림하기

소수의 뺄셈 결과에 가장 가까운 자연수를 예상하여 쓰고, 계산기로 계산한 후에 옳은 경우 ○표 하세요.

소수의 뺄셈	가장 가까운 자연수	계산 결과	확인(○)
8.6 − 2.9	6	5.7	○
9.1 − 4.5	5	4.6	○
18.9 − 3.7	15	15.2	○
9.02 − 4.27	5	4.75	○
10.25 − 7.19	3	3.06	○
28.3 − 12.98	15	15.32	○

연산(수감각)	나눗셈의 어림	①②③④⑤⑥

나눗셈 어림하기

필요한 것 계산기, 게임인원 2~6명

- **게임 목표** 목표수에 가장 가까운 계산식 구하기
- **게임 방법**
  ① 다음 빈칸에 4~9까지의 수를 하나씩 넣어서 목표 수에 최대한 가까운 수를 만듭니다.
  ② 각 문제의 빈칸을 채우고 목표수와의 차를 적으세요.
  ③ 계산 결과와 목표수와의 차를 모두 합하여 가장 적은 사람이 승리하는 게임입니다.

목표수	계산 결과	계산 결과와 목표수와의 차
200	9 8 7 ÷ 5 = 약 197 (반올림하여 쓴다)	200−197 = 3
100	□□□ ÷ □ = 약 〈예시〉 398 ÷ 4 = 99.5 약 100	〈예시〉 0
150	□□□ ÷ □ = 약 〈예시〉 598 ÷ 4=149.5 약 150	〈예시〉 0
300	□□□ ÷ □ = 약 〈예시〉 598 ÷ 2=299	〈예시〉 1
750	□□□ ÷ □ = 약 〈예시〉 2987 ÷ 4=746.75 약 747	〈예시〉 3
500	□□□ ÷ □ = 약 〈예시〉 4567 ÷ 9=507.44 약 507	〈예시〉 7

총합 : ____________

연산	소수의 사칙연산	①②③④⑤⑥

공평하게 팀을 나눕시다

다음 표는 12명의 학생들의 오래 매달리기 기록입니다. 이 학생들을 4팀으로 나누어 오래 매달리기 단체시합을 하려고 합니다. 팀을 어떻게 나누는 것이 공정하겠습니까?

83.4초	28.9초	49.6초	33.8초	33.9초	37.2초
47.0초	30.2초	55.4초	22.7초	57.8초	65.3초

A팀	83.4 + 22.7 + 30.2 = 136.3
B팀	65.3 + 33.8 + 37.2= 136.3
C팀	47.0 + 55.4 + 33.9= 136.3
D팀	57.8 + 28.9 + 49.6= 136.3

참고 : 모든 시간을 다 더하면 545.2초가 된다. 4팀으로 나누므로 각 팀에는 세 선수가 들어가며 세 선수의 기록의 합은 545.2÷4=136.3(초) 정도가 되면 적당하다. 83.4초의 학생처럼 월등히 기록이 높은 학생은 기록이 낮은 학생과 묶어야 평균기록에 가까워 질 수 있음을 감안하면 아래와 같이 분배해볼 수 있다. 소수 첫 번째 자리의 수가 3이므로 65.3초와 묶을 수 있는 것은 두 수의 합의 소수 첫 번째 자리가 0인 것들임도 감안할 수 있다.

나는 명탐정

필요한 것 계산기 1개, 초시계, 게임인원 2명

게임 목표 더해지거나 빼지는 규칙 알아맞히기

게임 방법

① 첫 번째 선수가 두 수의 덧셈식이나 뺄셈식을 계산기에 입력한다. (예를 들어, 9+3 또는 75-4)

② 첫 번째 선수가 =을 여러 번 누르고 나서 계산기를 두 번째 선수에게 쥐어준다.

③ 두 번째 선수는 =를 누를 때마다 얼만큼씩 더해지거나 빼지는지 알아낸다. 만약 10초 안에 맞추면 1점을 얻는다. 점수가 높은 사람이 승리한다.

입력할 연산키	계산기 화면
	9
+	3
=	12
=	15
=	18
=	21
=	24
=	27
=	30

□ : 입력화면 □ : 결과화면

점 수 표 〈예시〉

선수 \ 점수	1회	2회	3회	4회	5회	6회	7회	8회	9회	10회	점수합
이승재	1	1	1		1	1		1	1	1	8
신보라		1	1	1	1	1	1	1	1	1	9

나는 천재 마술사!

여러분이 마술사가 되어 친구에게 다음과 같이 해 보도록 합시다.

543
− 345
198
+ 891
1,089

① 0부터 9까지의 수 중에서 세 수를 골라 세 자리 수를 만든다. 이 때, 반드시 가장 큰 수가 백의 자리에 오도록 한다.

② 세 자리 수의 순서를 거꾸로하여 다른 세 자리 수를 만든다.

③ ①에서 만든 세 자리 수에서 ②의 세 자리 수를 뺀다.

④ ③에서 나온 계산값의 자리수를 거꾸로 하여 다른 세 자리 수를 만든다.

⑤ ③의 값과 ④의 값을 더한다.

⑥ 내가 그 결과를 맞춘다. (결과는 언제나 1,089이다) 나는 천재다!

결과가 항상 1,089가 되는지 다른 수로 알아봅시다.

예시)	예시)	예시)
731 − 137 = 594	926 − 629 = 297	321 − 123 = 198
594 + 495 = 1089	297 + 792 = 1089	198 + 891 = 1089

참고 : 위의 결과가 항상 1089가 되는 이유는 다음과 같다.

세 자리수를 abc라고 하자. 그러면, 세 자리 수는 100a+10b+c이다. 세 수의 순서를 거꾸로 하여 다른 세 자리 수를 만들면 cba 즉, 100c+10b+a이다. abc−cba는 (100a+10b+c)−(100c+10b+a)이다. 문제의 조건에서 a〉b,c 이므로 abc−cba는 받아내림이 있는 뺄셈이 되어, ① 100(a−1−c)+10·9+(10+c−a)이고, 이를 다시 수의 순서를 거꾸로 한 수는 ② 100(10+c−a)+10·9+(a−1−c)이므로, ①, ②를 더한 수는 100×9+10×18+9=1089이다.

연산(수감각)	9의 곱셈의 규칙성 파악하기	①②❸❹❺⑥

9의 마술

다음을 계산하고, 규칙을 추측하여 확인해 보세요.

계산기로 계산하여 보세요.	계산기로 계산하여 보세요.
111 × 9 = 999	9999 × 1 = 9999
222 × 9 = 1998	9999 × 2 = 19998
333 × 9 = 2997	9999 × 3 = 29997
444 × 9 = 3996	9999 × 4 = 39996
결과를 예상하고 계산기로 확인해 보세요.	결과를 예상하고 계산기로 확인해 보세요.
999 × 9 = 8991 (○)	9999 × 9 = 89991 (○)
어떤 규칙일까요?	어떤 규칙일까요?
일의 자리의 수와 9를 곱하여 나온 수의 십의 자리의 수는 천의 자리로, 일의 자리는 일의 자리이고, 백의 자리, 십의 자리는 9입니다.	일의 자리의 수와 9를 곱하여 나온 수의 십의 자리의 수는 만의 자리로, 일의 자리는 일의 자리이고, 천의 자리, 백의 자리, 십의 자리는 9입니다.

연산(수감각)	규칙성 찾기	①②③❹❺⑥

피라미드 수 (1)

계산기를 이용하여 다음 계산을 해 보고, 규칙에 따라 [ ]를 채워 넣으세요.

9 × 9 = 81
9 8 × 9 = 882
9 8 7 × 9 = 8883
9 8 7 6 × 9 = 88884
9 8 7 6 5 × 9 = 888885
[9 8 7 6 5 4] × [9] = 8888886

9 − 1 = 8
98 − 21 = 77
987 − 321 = 666
9876 − 4321 = 5555
98765 − 54321 = 44444
[987654] − [654321] = 333333

결과가 맞는지 계산기로 확인해 보세요.

연산(수감각)	규칙성 찾기	①②③④⑤⑥

피라미드 수 (2)

계산기를 이용하여 다음 계산을 해 보고, 규칙에 따라 ☐를 채워 넣으세요.

1×9+2 =11
12×9+3 =111
123×9+4 =1111
1234×9+5 =11111
12345×9+6 =111111
123456 × 9 + 7 = 1111111

1×8+1 = 9
12×8+2 = 98
123×8+3 = 987
1234 × 8 + 4 = 9876
12345 × 8 + 5 = 98765

결과가 맞는지 계산기로 확인해 보세요.

연산(수감각)	사칙 혼합 계산	①②③④⑤⑥

마법의 11

- 두 자리 수를 마음대로 쓰세요.
  예) 37
- 이제 10의 자리와 일의 자리 수를 바꾸어 쓰세요. → 73
- 위의 두 수를 더하세요. → 110
- 위의 두 수를 더한 110은 11의 배수입니다.

- 네 자리 수를 마음대로 쓰세요.
  예) 1537
- 순서를 바꾸어 일의 자리 수부터 쓰세요. → 7351
- 위의 두 수를 더하세요.
  → 8888
- 8888은 11의 배수입니다.

- 다른 두 자리 수로 해 보세요. 두 수의 합이 언제나 11의 배수가 되나요?
  (네. 어떤 두 자리 수로 해 보아도 결과가 11이 됩니다)
- 다른 네 자리 수로 해 보세요. 두 수의 합이 언제나 11의 배수가 되나요?
  (네. 어떤 네 자리 수로 해 보다도 결과가 11이 됩니다)
- 규칙을 찾을 수 있나요?
  (두 자리 수의 경우, 원래 두 자리 수를 십의 자리 수와 일의 자리 수를 바꾸어 더하는 식에서 십의 자리수와 일의 자리 수를 살펴보면, 십의 자리와 일의 자리에 똑같은 수가 반복되는 수(예를 들어, 11, 22, 33, 44, 55, 66, 77, 88, 99, 110 등) 2개를 더하는 것이나 마찬가지라는 것을 알 수 있다. 이러한 수들은 항상 11의 배수이다.)

세 자리 수는 어떨까요?

(세 자리 수로는 위와 같이 해 보았을 때 결과가 11이 되지 않습니다)

규칙성과 문제해결	규칙찾아 큰 수의 계산 결과 구하기	①②③❹❺❻

큰 수도 계산기에 나타날까?

※ 보통 계산기는 8~12자리까지 나타낼 수 있습니다.

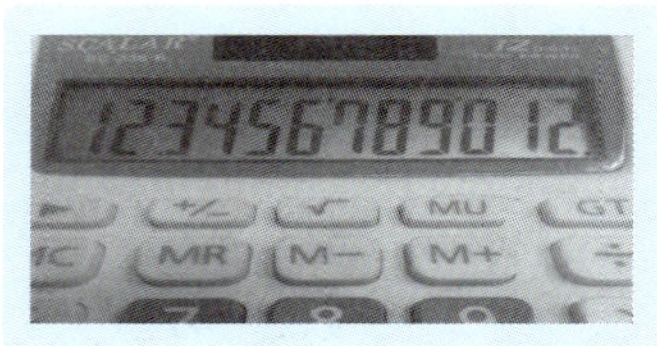

그래서 곱셈 '7777777×9999999'는 계산기로 답을 구할 수 없답니다.

답을 직접 구할 수 없는 경우, 계산기를 잘 활용하여 규칙을 찾아 해결해보고 자신의 해결 방법을 설명해 보세요.

7×9=63
77×99=7623
777×999=776223
7777×9999=77762223
77777×99999=7777622223 이다.
규칙을 찾아보면
7777777×9999999=77777762222223 이 됨을 알 수 있다.

8888888×9999999의 값을 구할 수 있을까요?

8×9=72
88×99=8712
888×999=887112
8888×9999=88871112 이다.
규칙대로라면 8888888×9999999은 8과 9가 7개씩이드로 답에서의 8과 1은 6개씩 나옴을 알 수 있다. 따라서 답은 88888871111112 이다.

연산(수감각)	4개의 세 자리수의 덧셈	①②❸❹❺⑥

1000 만들기

아래에서 4개의 수를 골라 더해서 1000을 만들려고 합니다. 1000을 만들 수 있는 방법을 될 수 있는 대로 많이 찾아봅시다.

275	382	81	174
206	117	414	262
483	173	239	138
331	230	325	170

(예시)
81+174+414+331
275+325+230+170
117+483+230+170
206+483+173+138

6개의 버튼

계산기에서 6개의 버튼을 사용하여 목표 수 20을 구하여 보세요.

〈예시〉

1 8 0 ÷ 9 = 20

4 + 9 + 7 = 20

3 4 − 1 4 = 20

1 0 0 ÷ 5 = 20

2 × 6 + 8 = 20

7개의 버튼으로 목표 수 27을 구하여 봅시다.

□□□□□□□ = 27　　□□□□□□□ = 27

□□□□□□□ = 27　　□□□□□□□ = 27

나만의 문제를 만들어 봅시다.

〈예시〉

6 개의 버튼으로 목표수 30 만들기

4 + 2 × 5 □□□ = 30

6 개의 버튼으로 목표수 45 만들기

5 × 5 + 4 □□□ = 45

엎질러진 우유

준서는 수학 문제지에 엄마가 가져다주신 우유를 그만 엎지르고 말았습니다. 그래서 우유가 엎질러진 곳의 문제가 잘 보이지 않게 되었다네요. 수학 문제지의 나눗셈 문제가 모두 자연수로 나누어떨어진다고 할 때, 가려진 숫자를 찾으세요.

5 6 ÷ 7

8 1 ÷ 9

5 3 6 ÷ 8　(또는 7도 가능)

4 6 9 ÷ 7

4 0 7 0 7 ÷ 9

연산(수감각)	사칙연산의 혼합계산	①②③④⑤⑥

계산기가 되어 보자 (1)

※ 다음과 같이 1부터 10까지의 합은 55입니다.

1 + 2 + 3 + 4 + 5 + 6 + 7 + 8 + 9 + 10 = 55

빈칸에 '+, −' 의 연산 기호를 넣어서 계산 결과가 등호(=)의 오른쪽 수와 같도록 해 보세요. 필요하면 괄호 (　)를 사용해도 좋습니다.

1□2□3□4□5□6□7□8□9□10 = 37

1 + 2 + 3 + 4 + 5 + 6 + 7 + 8 − 9 + 10 = 37
1에서 10까지의 합은 55이다. 여기서 37이 되려면 18을 빼야 한다.

1□2□3□4□5□6□7□8□9□10 = 1

1 + 2 + 3 + 4 + 5 + 6 + 7 − 8 − 9 − 10 = 1
1부터 7까지의 합은 28, 8부터 10까지의 합은 27

◑ 위와 같은 문제를 만들어서 계산 결과를 알려주고 친구에게 풀어보도록 해보세요.

1□2□3□4□5□6□7□8□9□10 = □

연산(수감각)	어림하여 가장 큰 수 만들기	①②③④⑤⑥

내가 만든 가장 큰 수는?

다음 빈칸에 숫자 1, 2, 3, 4 를 하나씩 넣어 가장 큰 수를 만들어 보세요.

[4] × [3] × [2] ÷ [1] = 24

[4] + [3] + [2] − [1] = 8

[4] − [1] + [3] − [2] = 4

[4] ÷ [2] ÷ [1] × [3] = 6

[4] + [3] − [1] × [2] = 5

[4] × [3] + [2] ÷ [1] = 14

[2] + [4] × [3] ÷ [1] = 14

참고 : 곱하기는 최대한 큰 수로, 나누기는 최대한 작은 수로 넣어본다.

금고를 열어라!

주어진 카드의 수를 이용하여 다음 계산식에 알맞게 숫자를 배열하여 결과가 25가 되면 금고가 열립니다. 금고를 열 수 있도록 카드 이름을 순서에 맞게 쓰세요.

(F + D) ÷ (E − A) = 25

Ⓐ	Ⓑ	Ⓒ
225	25500	375
Ⓓ	Ⓔ	Ⓕ
5250	825	9750

숫자키 5만 제대로 눌러지네?

※ 계산기 고장으로 숫자키 5와 +, −, ×, ÷, (,), = 만 제대로 눌러집니다. 5와 +, −, ×, ÷, (,), =만을 사용하여 보기와 같이 계산하였더니 계산 결과가 17이 되었습니다.

$$(5+5)\div5+5+5+5=17$$

위와 같이 5와 +, −, ×, ÷, (,), =만을 사용하여 17이 되는 식을 가능한 많이 찾아 써보세요.

〈예시답안〉
$5+5+5+5\div5+5\div5$
$5\times5-5-5\div5-5\div5-5\div5$ 등

● 17을 만들 때, 5를 가장 적게 누르는 경우는 어떤 식입니까?

위와 같은 방법으로 숫자 5와 +, −, ×, ÷, (,), =만을 사용하여 33을 만들 수 있는 식을 많이 써 보세요.

〈예시〉
$4\times4\times(4+4)\div4+(4\div4)$ 등

네 개의 4로 10만들기

※ 네 개의 숫자 4와 '+, − ×, ÷'를 이용하여 1을 만들려면 다음과 같이 할 수 있습니다.
(단, +, − ×, ÷는 여러 번 사용이 가능하고, 필요하지 않은 기호는 사용하지 않아도 됩니다.)

$$4 \times 4 \div 4 \div 4 = 1$$

숫자 4 네 개와'+, − ×, ÷'를 이용하여 2, 3, 4, … ,10을 만들어 봅시다.
(필요한 경우, 식에 ( )를 넣을 수 있습니다.)

$4 \times 4 \div (4 + 4) = 2$

$(4 + 4 + 4) \div 4 = 3$

$4 \times (4 - 4) + 4 = 4$

$(4 + 4 \times 4) \div 4 = 5$

$(4 + 4) \div 4 + 4 = 6$

$44 \div 4 - 4 = 7$

$4 + 4 + 4 - 4 = 8$

$4 \div 4 + 4 + 4 = 9$

$(44 - 4) \div 4 = 10$

계산기가 되어 보자 (2)

※ 다음과 같이 1부터 5까지의 곱은 120입니다.

$$5 \times 4 \times 3 \times 2 \times 1 = 120$$

빈칸에 '+', '−','×','÷'의 연산 기호를 넣어서 계산 결과가 옳게 나오도록 해보세요.
필요에 따라 괄호를 사용해도 좋습니다.

$$5 \boxed{\times} 4 \boxed{\times} 3 \boxed{\div} 2 \boxed{\times} 1 = 30$$

5×4÷2는 10이므로 3×10=30 이 된다.

$$(5 \boxed{+} 4) \boxed{\div} 3 \boxed{\times} 2 \boxed{+} 1 = 7$$

$$(5 \boxed{-} 4) \boxed{\times} 3 \boxed{\div} (2 \boxed{+} 1) = 1$$

또는 $(5-4) \div \{3 \div (2+1)\} = 1$

여러분이 식을 만들어 결과를 적고 친구에게 □ 안에 알맞은 연산기호(+, −, ×, ÷)를 넣도록 해 봅시다.

$$5 \square 4 \square 3 \square 2 \square 1 = \underline{\qquad}$$

연산(수감각)	연속된 수의 성질	①②③④⑤⑥

달력의 비밀

다음 달력에서 정사각형 모양으로 색칠된 9개의 수를 더하면 몇 입니까? (144)

January 2014

Sun	Mon	Tue	Wed	Thu	Fri	Sat
			1	2	3	4
5	6	7	8	9	10	11
12	13	14	15	16	17	18
19	20	21	22	23	24	25
26	27	28	29	30	31	

정사각형 모양으로 색칠된 9개의 수를 더한 결과와 같은 수가 되도록 9개의 수를 다른 모양으로 선택하여 색칠하세요.(단, 각 칸들은 변끼리 연결이 되어야 합니다.)

January 2014

Sun	Mon	Tue	Wed	Thu	Fri	Sat
			1	2	3	4
5	6	7	8	9	10	11
12	13	14	15	16	17	18
19	20	21	22	23	24	25
26	27	28	29	30	31	

January 2014

Sun	Mon	Tue	Wed	Thu	Fri	Sat
			1	2	3	4
5	6	7	8	9	10	11
12	13	14	15	16	17	18
19	20	21	22	23	24	25
26	27	28	29	30	31	

January 2014

Sun	Mon	Tue	Wed	Thu	Fri	Sat
			1	2	3	4
5	6	7	8	9	10	11
12	13	14	15	16	17	18
19	20	21	22	23	24	25
26	27	28	29	30	31	

January 2014

Sun	Mon	Tue	Wed	Thu	Fri	Sat
			1	2	3	4
5	6	7	8	9	10	11
12	13	14	15	16	17	18
19	20	21	22	23	24	25
26	27	28	29	30	31	

연산(수감각)	곱셈의 성질	①②③④⑤⑥

바꾸어 곱해도 답이 같을까?

36×84와 63×48의 두 식을 비교해 봅시다. 곱하는 수와 곱해지는 수의 십의 자리의 숫자와 일의 자리의 숫자가 바뀌어 있네요. 계산결과도 비교해 보세요.

$$\begin{array}{r} 36 \\ \times\ 84 \\ \hline 144 \\ 2880 \\ \hline 3024 \end{array} \qquad \begin{array}{r} 63 \\ \times\ 48 \\ \hline 504 \\ 2520 \\ \hline 3024 \end{array}$$

- 답이 같은가요? (예, 아니오)
- 다음 곱셈 가운데, 곱하는 수와 곱해지는 수의 십의 자리의 숫자와 일의 자리의 숫자를 바꾸어도 답이 같아지는 것은 어느 것일까요?

32×69　32 × 69 = 2208
　　　　23 × 96 = 2208　(갈다, 다르다) — 같다에 ○

65×47　65 × 47 = 3055
　　　　56 × 74 = 4144　(같다, 다르다) — 다르다에 ○

24×84　24 × 84 = 2016
　　　　42 × 48 = 2016　(같다, 다르다) — 같다에 ○

친구들과 의견을 나눠보고 왜 그런지 이유를 써 보세요.

곱하는 수와 곱해지는 수의 십의 자리의 수끼리의 곱과 일의 자리의 수끼리의 곱이 같을 경우에는 바꿔서 곱해도 계산 결과가 같아집니다.

규칙성과 문제해결	달력속의 수들의 관계 찾기	①②③④⑤⑥

신기한 달력 속 날짜

예원이는 달력에서 연속한 세 수 (1,2,3), (5,6,7) 사이에 다음과 같은 사실을 발견하였습니다.

$1\times3 = 3 \quad 2^2 = 4$

$5\times7 = 35 \quad 6^2 = 36$

◕ 세 수 사이의 관계를 등식으로 나타내어 보세요.

(1,2,3) ⇒ $1\times3 = 2^2 - 1$

(5,6,7) ⇒ $5\times7 = 6^2 - 1$

◕ 연속한 세 수에 대하여 이와 같은 관계가 항상 성립하는지 확인해 보세요.

(13,14,15) ⇒ $13\times15 = 14^2 - 1$

(27,28,29) ⇒ $27\times29 = 28^2 - 1$

◕ 이 관계가 항상 성립하는 이유는 무엇일지 자신의 생각을 써보세요.

참고 : 이와 같이 되는 이유는 $(x-1,\ x,\ x+1)$ 과 같은 연속된 자연수의 경우 $(x-1)(x+1)=x^2-1$ 이 되기 때문이다. 이러한 알고리즘은 초등학생들에게는 가르칠 수 없으나 아래 오른쪽 그림과 같이 도식적으로 이해시킬 수 있다. 그림에서 보면, 흰 사각형과 빗금친 사각형의 넓이인 $(x-1)(x+1)$는 흰 사각형과 검은 사각형의 넓이의 합인 x^2보다 1만큼 작다. 그 이유는 검은 사각형은 가로가 x이고 높이가 1인 직사각형이지만 빗금친 사각형은 가로가 1이고 높이가 $x-1$인 사각형이기 때문이다.

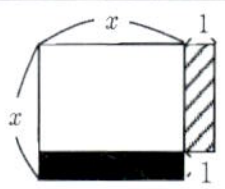

◕ 이 외에도 수들 사이의 규칙을 달력에서 찾아보세요.

가로 뿐 아니라 세로의 세 수 사이에도 다음과 같은 규칙을 발견할 수 있다.

(6, 13, 20) ⇒ $6+20 = 2\times13$

(1, 8, 15) ⇒ $1+15 = 2\times8$

이는 일주일이 7일이라 세로로 배치된 수들은 모두 7씩 차이가 같기 때문이다.

아울러 오른쪽 아래 대각선 방향으로 8씩 커지며 왼쪽 아래 대각선 방향으로는 6씩 커지는 규칙도 발견할 수 있다.

연산(수감각)	거듭제곱의 계산	①②③④⑤⑥

어느 수가 더 클까?

※ 다음과 같이 2를 3번 곱하는 식은 2^3로 나타낼 수 있습니다.

$$2 \times 2 \times 2 = 2^3$$

◇는 한 자리 자연수입니다.

◕ 다음 식이 참이 되도록 □ 안에 한 자리 숫자를 하나씩 넣으세요.

$$\Diamond^4 = 4\square\square\square$$

4번 같은 수를 곱해서 천의 자리 수가 4가 되는 경우는 8밖에 없다. 따라서 4096

◕ ◇는 얼마입니까? (8)

다음 □안에 알맞은 한 자리 수를 넣으세요.

$\boxed{6}^4 = 1296 \qquad \boxed{7}^3 = 343$

다음 두 수의 크기를 비교하여 □안에 >, =, < 를 넣으세요.

6^3 $\boxed{<}$ 3^6

3^4 $\boxed{>}$ 4^3

10^2 $\boxed{<}$ 2^{10}

구두쇠 영감의 후회

구두쇠 영감은 일한 품삯을 적게 주기로 유명하였습니다. 어느 날, 한 청년이 찾아와서 오늘은 1원, 내일은 2원, 모레는 4원, 다음날에는 8원 … 과 같은 방법으로 품삯을 달라고 하고 한 달 동안 구두쇠 영감의 밭일을 해 주기로 약속하였습니다. 그러나 구두쇠 영감은 한 달이 지나자 자신의 밭을 청년에게 넘겨줄 수밖에 없었습니다. 구두쇠 영감은 자신의 결정을 몹시 후회하였습니다. 어떻게 된 일일까요?

1 청년이 각 날에 받는 임금은 얼마인지 다음 표를 이용하여 알아봅시다.

1일째	2일째	3일째	4일째	5일째	6일째	7일째	8일째	9일째	10일째
1원	2원	4원	8원	16원	32원	64원	128원	256원	512원

11일째	12일째	13일째	14일째	15일째	16일째	17일째	18일째
			8192원	16384원	32768원		

19일째	20일째	21일째	22일째	23일째	24일째	25일째
	524288	1,048,576				16,777,216

2 청년이 25일째 받아야 하는 임금은 얼마일까요? (16,777,216원)

3 마지막 날에 임금을 한꺼번에 모아서 받는다고 할 때, 다음을 알아보세요.

1일째	2일째	3일째	4일째	5일째	…	25일째
1원	3원	7원	15원			

(1) 3일 일했다면 마지막 날 받을 임금은 얼마입니까? 7원

(2) 5일 일했다면 마지막 날 받을 임금은 얼마입니까? 31원

(3) 25일까지 일했다면 마지막 날 받을 임금은 얼마입니까? 33,554,431원

(4) 어떻게 구하였나요? 각 날마다 마지막 날 한꺼번에 받는 임금은 마지막 날의 임금의 2배보다 1 작은 수이다. 2일째 한꺼번에 받는 임금은 $1+2=3=2\times2-1$, 3일째 한꺼번에 받는 임금은 $1+2+4=7=4\times2-1$, 5일째 한꺼번에 받는 임금은 $1+2+4+8+16=31=16\times2-1$이다. 따라서 25일째 한꺼번에 받는 임금은 그 날 임금의 2배보다 1 작은 수이므로, $16,777,216\times2-1=33,554,431$원이다.

보물찾기 놀이

필요한 것 주사위, 계산기, 게임인원 2명

- 게임 목표 곱셈과 나눗셈의 답을 정확히 구하여 더 많은 보물 모으기
- 게임 방법

① 두 사람이 가위 바위 보를 하여 순서를 정한다.

② 먼저 이긴 사람이 주사위를 던져서 나온 수를 □에 넣어 종이와 연필로 계산하고, 상대방이 계산기로 검산을 한다. 나눗셈에서 나누어떨어지지 않으면 소수 둘째 자리에서 반올림한다.

③ 맞으면 정답만큼의 양의 보물을 얻는 것이 되고, 틀리면 정답만큼 상대편의 보물이 된다.

④ 그 다음 지점으로 가면 상대편의 순서가 되어 ②, ③과 같이 한다.

⑤ 마지막 지점에서 더 많은 양의 보물을 얻은 사람이 승리한다.

⑥ 이 놀이를 여러 번 반복해서 할 수도 있다.

$36\div\boxed{3}$ =(12) kg → $\times\boxed{5}$ =(60) kg → $\times\boxed{2}$ =(120) kg → $\div\boxed{6}$ =(20) kg → $\times\boxed{1}$ =(20) kg → $\div\boxed{4}$ =(5) kg

소수 덧셈 어림하기

소수의 덧셈 결과에 가장 가까운 자연수를 예상하여 쓰고, 실제 계산기로 계산한 후에 정답인 경우 ○표 하세요.

계산기로 [.] [2] 은 0.2와 같습니다.

예

소수의 덧셈	가장 가까운 자연수	계산 결과	확인(○)
3.7 + 4.9	9	8.6	○

소수의 덧셈	가장 가까운 자연수	계산 결과	확인(○)
8.3 + 9.5	18	17.8	○
7.6 + 18.9	26(또는 27)	26.5	○
4.56 + 8.75	13	13.31	○
10.29 + 9.92	20	20.21	○
12.5 + 25.87	38	38.37	○

계산 결과는?

계산의 결과를 추측하여 계산기로 확인하세요.

계산기 키 조작 / 계산 식 쓰기	추측	계산 결과	확인
[3] [.] [1] [+] [.] [2] [=] [=] 3.1 + 0.2 + 0.2 = 3.5	3.5	3.5	○
[5] [.] [3] [−] [.] [3] [=] [=] [=] 5.3−0.3−0.3−0.3=4.4	4.4	4.4	○
[7] [.] [8] [+] [.] [5] [=] [=] [=] [=] 7.8+0.5+0.5+0.5+0.5=9.8	9.8	9.8	○
[6] [.] [4] [−] [.] [7] [=] [=] [=] [=] 6.4−0.7−0.7−0.7−0.7=3.6	3.6	3.6	○

연산(수감각)	소수 곱셈 배열 게임	①②③④⑤⑥

소수 곱셈 배열 게임

필요한 것 소수 카드(〈부록 2〉 참조), 계산기, 초시계, 게임인원 2명

게임 목표 곱의 결과를 어림하기

게임 방법

① 첫 번째 선수는 흰색카드, 파란색카드에서 각각 5장을 선택하고 2개씩 짝을 지어 놓는다.

② 두 번째 선수는 짝지어 놓은 두 소수의 곱의 결과가 작은 것부터 차례로 배열한다. 첫 번째 선수는 초시계로 시간을 잰 후, 맞게 배열했는지 계산기로 확인한다.

③ 서로 역할을 바꾸어 ①, ②를 실시한다.

④ 순서를 모두 맞게 배열한 사람이 이긴다. 두 사람 모두 배열 순서를 맞게 한 경우, 걸린 시간이 짧은 사람이 이긴다.

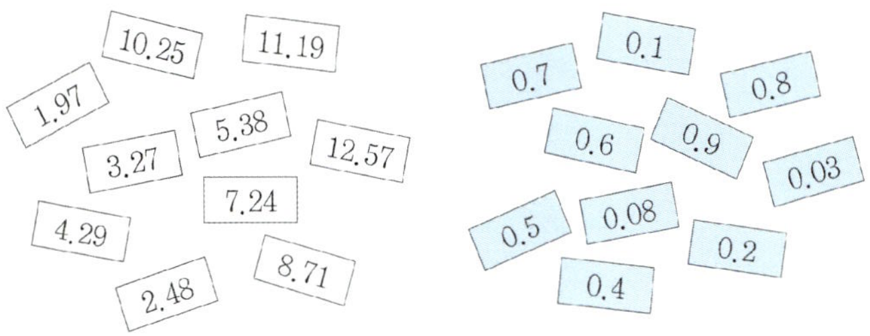

게임판

걸린 시간 / 선수	1회	2회	3회	4회	5회

연산(수감각)	소수 곱셈 어림하기	①②③④⑤⑥

소수 곱셈 게임

필요한 것 1~9까지의 숫자카드, 계산기, 게임인원 2명

게임 목표 소수를 곱하여 10에 가까운 수 만들기

게임 방법

① 1～9까지의 숫자카드를 엎어 놓고, 2장의 카드를 택한다. 첫 번째 카드를 일의 자리에, 두 번째 카드를 소수 첫째 자리에 써 넣어, 소수를 만든다.

② 만든 소수에 어떤 수를 곱해서 10에 가까운 수가 되도록 곱할 소수를 정한다. 이때, 반복하여 수를 사용할 수 있다.

③ 계산기를 사용하여 곱셈의 결과를 확인한다.

④ 곱과 10의 차를 구하여 차가 작은 쪽이 승리한다.

게임 예시

〈길동이 선택한 수 7과 4〉

$7.4 \times \square.\square$ (약 7이므로 1보다 조금 큰 수를 곱하여 보자)

$7.4 \times 1.3 = 9.62$

〈꽃분이 선택한 수 1과 8〉

$1.9 \times \square.\square$ (약 2이니까 곱하는 수를 5정도로 해보자)

$1.9 \times 5.4 = 10.26$

길동: 10−9.62=0.38, 꽃분: 10.26−10=0.26으로 꽃분이 승리!

게임하기

내가 선택한 수: □.□

$\square.\square \times \square.\square$

친구가 선택한 수: □.□

$\square.\square \times \square.\square$

연산(수감각)	숨박꼭질	①②③④⑤⑥

숨바꼭질

성은이가 친구들과 학교에서 숨바꼭질을 하고 있습니다. 아래의 **힌트** 를 참고하여 계산하여, 친구들이 어느 교실에 숨어 있는지를 찾아내세요.

힌 트

다음 세 조건 모두에 맞는 교실을 찾아라!

(1) 답이 5보다 크다.
(2) 답이 10보다 작다.
(3) 답의 소수 첫째 자리의 숫자가 5이다.

1반 교실	2반 교실	3반 교실	4반 교실
4.22	0.57	6.4	7.3
× 2.5	× 7.9	× 0.86	× 0.69
10.55	4.503	5.504	5.037

5반 교실	6반 교실	음악실	과학실
0.93	3.7	0.75	0.94
× 0.6	× 1.5	× 8.6	× 0.55
0.558	5.55	6.45	0.517

조건 (1)을 만족하는 답 : ③ ④ ⑥ ⑦
조건 (2)를 만족하는 답 : ① 이외의 것 모두
조건 (3)을 만족하는 답 : ① ② ③ ⑤ ⑥ ⑧

◕ 친구들이 숨어 있는 교실은 (3반 교실)과 (6반 교실)입니다.

연산(수감각)	비·비례식 활용하기	①②③④⑤⑥

외국에서 쇼핑하기

※ 외국으로 여행을 할 때에는 한국 돈을 그 나라 돈으로 바꿔야 합니다. 다음은 우리나라 돈 1000원에 해당하는 외국돈의 금액입니다.

덴마크 크로네 5.2
브라질 레알 2.17

다음 문제를 해결하세요.(단, 소수 첫째 자리에서 반올림하여 계산합니다.)

1 우리 돈 만원을 가졌다면 덴마크 크로네 얼마로 바꿀 수 있습니까?

식 $5.2 \times 10 = 52$(크로네) 답 (52) 크로네

2 덴마크는 치즈로 유명합니다. 치즈 1상자를 30크로네에 사서 먹었습니다. 이것은 한국 돈으로 얼마입니까?

식 $30 \div 5.2 \times 1000 = 5769.2...$이므로 약 5769원입니다. 답 약 (5769) 원

3 브라질 월드컵 경기가 열리는 축구장의 입장료가 240레알입니다. 이것은 한국 돈으로 얼마일까요?

식 $240 \div 2.17 \times 1000 = 110599.07...$이므로 약 110599원입니다. 답 약 (110599) 원

매의 눈

아래의 계산식에서 소수점을 적절한 위치에 찍고 필요한 경우 0을 써 넣으세요. 계산기로 결과를 확인하여 보세요.

3 × 0.1 = 0.3
3 × 0.01 = 0.03
3 × 0.001 = 0.003
32 × 0.3 = 9.6
24 × 0.31 = 7.44

0.2 × 0.1 = 0.02
0.2 × 0.01 = 0.002
0.22 × 0.3 = 0.066
0.42 × 0.22 = 0.0924
0.72 × 0.32 = 0.2304

3.2 × 2.1 = 6.72
32.2 × 45.44 = 1463.49
7.52 × 385.2 = 2896.704
61.4 × 21.49 = 1319.486

다음 계산에서 계산 결과의 소수점이 지워졌습니다. 어림셈으로 소수점의 위치를 찾으세요. 그리고 그 답이 맞는지 계산기로 확인하여 보세요.

46.39472 × 7.25475 = 336.582 …

샐러드를 만들어요

인터넷에서 본 샐러드 조리법

샐러드 조리법 (5인분)

<재료>		<드레싱>	
양배추	500 g	소금	8 g
토마토	300 g	식초	50 g
브로콜리	400 g	샐러드 기름	80 g
허브	200 g	후추	6 g

소영이는 인터넷에서 위와 같이 5인분 기준의 샐러드 조리법을 보고 어른 3명(3인분)과 어린이 1명(0.5인분)용으로 샐러드 3.5인분을 만들려고 합니다.

◕ 샐러드 3.5인분의 재료는 얼마나 될지 구하세요.

샐러드 (3.5인분)

<재료>		<드레싱>	
양배추	350 g	소금	5.6 g
토마토	210 g	식초	35 g
브로콜리	280 g	샐러드 기름	56 g
미역	140 g	후추	4.2 g

〈재료〉 500÷5×3.5=350, 300÷5×3.5=210, 400÷5×3.5=280, 500÷5×3.5=140

〈드레싱〉 8÷5×3.5=5.6, 50÷5×3.5=35, 80÷5×3.5=56, 6÷5×3.5=4.2

연산	소수의 곱셈과 나눗셈	①②③④⑤⑥

오히려 전화위복!

대학생인 큰누나는 미국으로 배낭여행을 가려고 열심히 아르바이트를 하여 돈을 모았습니다. 여름 방학이 시작되기 전인 6월 5일에 모은 돈 355만원을 은행에서 달러화로 바꾸었습니다. 그런데 갑자기 집에 사정이 생겨 여행을 못가게 되었어요. 그래서 바꿨던 달러화를 7월 10일에 다시 한국돈으로 바꿨습니다. 그런데 오히려 은행에서 처음 바꿀 때보다 돈을 더 많이 돌려주었습니다. 아래의 표를 보고 큰누나는 얼마를 더 돌려 받았는지 계산해 보세요.

1달러당 가격

날짜 \ 상황	달러를 살 때	달러를 팔 때
6월 5일	1,044원	1,037원
7월 10일	1,068원	1,049원

달러는 가격이 매일 바뀐답니다.

6월 5일에 바꾼 돈

식 1 : 1040 = x : 3550000

답 우리 돈 355만원 ⟶ 미국 돈 (3413)달러

(소수점 이하는 버림하세요)

우리 돈을 주고 미국 돈(달러)을 사는 경우이므로, '달러를 살 때'가격을 적용하면 1 : 1040 = x : 3550000 의 비례식을 세울 수 있다.

즉, 3550000 ÷ 1040 = 3413.4615⋯ 이므로 소수점 이하를 버림하면 3413원이다.

7월 10일에 바꾼 돈

식 1 : 1049 = 3413 : x

답 미국 돈 ( )달러 ⟶ 우리 돈 (3,580,237)원

미국 돈(달러)을 팔아 우리 돈을 받는 경우이므로, '달러를 팔 때'가격을 적용하면 1 : 1049 = 3413 : x의 비례식을 세울 수 있다.

즉, 1049×3413 = 3580237 이다.

큰누나는 (30237)원을 더 돌려 받았네요!

6월 5일에 우리돈 3550000원이 7월 10일에 3580237원이 되었으므로 30237원을 더 돌려받는 셈이 된다.

3580237 − 3550000 = 30237 (원)

연산(수감각)	한국에서 쇼핑하기	①②③④⑤⑥

외국인 관광객 쇼핑

미국인 마이클과 중국인 탕조위가 우리나라에 쇼핑을 하러 왔습니다. 두 사람이 쇼핑을 합니다. 아래 표를 참고하여 문제를 해결하세요. (단, 소수 첫째 자리에서 반올림하여 계산합니다.)

미국 1 달러 = 한국 돈 1064원

중국 10 위안 = 한국 돈 1758원

1 미국 돈 1000 달러는 우리나라 돈 얼마로 바꿀 수 있습니까?

식 1064×1000=1064000원입니다. 답 (1064000) 원

2 마이클은 남대문 시장에 가서 겨울 점퍼를 45000원에 샀습니다. 이것은 미국 돈(달러)로 얼마입니까?

식 45000÷1064=42.29...이므로 약 42달러입니다. 답 약 (42) 달러

3 탕조위는 한국 음식점에 가서 친구들과 함께 1인분에 38000원하는 불고기 4인분을 먹었습니다. 탕조위가 계산한 금액은 중국 돈(위안)으로 얼마입니까?

식 38000×4÷1758×10=864.61...이므로 약 865위안입니다. 답 약 (865) 위안

김치 담기

김치를 담을 때에는 배추를 적당한 농도의 소금물에 절이는 것이 중요합니다. 소금물이 너무 짜면 배추가 너무 짜게 절여져서 김치가 짜고, 소금물이 너무 싱거우면 김치가 잘 절여지지 않아서 맛이 없지요. 우리 어머니와 할머니들은 오랜 경험을 통하여 소금의 양을 어림하여 소금물을 적당한 농도로 잘 만드신답니다. 자, 우리도 주어진 농도의 소금물을 만들어 볼까요?

소금물의 농도를 구하는 방법은 $\frac{\text{소금의 양}}{\text{물의 양}+\text{소금의 양}}$ 입니다.

◕ 다음을 보고 주어진 농도의 소금물을 만들 수 있는 소금의 양을 어림해 보세요. 계산기로 농도를 구하여 확인해 보세요.

소금물 농도	물의 양	소금의 양 어림	계산기 확인
30%	700 g	300 g	$\frac{300}{700+300}\times 100$ = 30 %
50%	1000 g	약 (500) g	$\frac{500}{1000+500}\times 100$ = 50 %
15%	425 g	약 (75) g	$\frac{75}{425+75}\times 100$ = 15 %
20%	1600 g	약 (400) g	$\frac{400}{1600+400}\times 100$ = 20 %
10%	4500 g	약 (500) g	$\frac{500}{4500+500}\times 100$ = 10 %
4%	600 g	약 (25) g	$\frac{25}{600+25}\times 100$ = 4 %
20%	100 g	약 (25) g	$\frac{25}{100+25}\times 100$ = 20 %

운동화 쇼핑

연주는 백화점 세일 기간을 맞아 운동화를 사기 위해 엄마와 함께 백화점에 갔습니다. 운동화 코너에서는 30% 할인을 하고 있습니다. 정가가 89,000원인 운동화는 할인금액이 얼마일까요?

◕ 정가가 89,000원인 운동화는 30% 할인된 가격이 얼마쯤일지 어림하여 봅시다.

(89,000원은 약 90,000원이므로 30%가 할인된 70%의 가격은 63,000원쯤 된다.)

◕ 계산기로 정확히 계산하여 봅시다. 할인금액은 얼마일까요?

식 $89000\times 0.7=62300$

답 (62300) 원

%계산을 할 때 계산기의 % 키를 사용하면 편리해요. 예를 들어, 350의 80%는 350×0.8로 계산해도 되지만 350×80%를 입력해도 같은 결과를 얻을 수 있답니다.

◕ 정가가 109,000원인 운동화는 30% 할인된 가격이 얼마쯤일지 어림하여 봅시다.

(109,000원은 약 110000원이므로 30%가 할인된 70%의 가격은 77000원이다.)

◕ 계산기로 정확히 계산하여 봅시다. 할인금액은 얼마일까요?

식 $109000\times 0.7=77000$

답 (77000) 원

비와 비율	백분율 어림과 계산	①②③④⑤❻

백화점 세일

연주는 백화점 세일 기간을 맞아 겨울코트를 사기위해 엄마와 함께 백화점에 갔습니다. 비슷한 모양과 품질의 코트가 A 매장에서는 정가가 129,000원인데 30% 할인을 하고, B 매장에서는 정가가 109,000원인데 20% 할인을 합니다. 될 수 있는 한 싸게 사려면 어느 것을 사야 할까요?

◕ 어림하여 봅시다.

〈A 매장〉

〈B 매장〉

A와 B 매장의 코트 중에서 어떤 것을 사는게 좋겠습니까? (Ⓐ , B)

◕ 계산기로 정확히 계산하여 봅시다.

〈A 매장〉

〈B 머장〉

A와 B 매장의 코트 중에서 어떤 것을 사는게 좋겠습니까? (Ⓐ, B)

〈부록 1〉 나눗셈 비교하기 게임

3	4
5	6
7	8

〈부록 2〉 소수 곱셈 배열 게임

흰색 카드

1.97	2.48
3.27	4.29
5.38	7.24
8.71	10.25
11.19	12.57

파란색 카드

0.1	0.2
0.4	0.5
0.6	0.7
0.8	0.9
0.08	0.03

저자 소개

장경윤: 서울대학교 수학교육과
Boston University, Ed.D.
건국대학교 수학교육과 교수
kchang@konkuk.ac.kr
http://kchang.konkuk.ac.kr

이화영: 경인교대(강사)/ 정왕초등학교 (교사)
건국대학교 박사(수학교육학)
2012 교육과학기술부 파견교사(미국 뉴저지주)
bornapril@hanmail.net

김양권: 손곡초등학교(교사)
건국대학교 박사과정 수료(수학교육학)
영재교육원, 영재학급 지도(용인교육지원청 등)
agsarang@hanmail.net

임영빈: 인천해서초등학교(교사)
건국대학교 박사과정 수료(수학교육학)
인천수학사고력겨루기대회 출제위원
loveace-bin@hanmail.net

살아있는 수학 활동 시리즈 • 1

계산기로 하는 초등학교 수학

2014년 10월 10일 초판 인쇄
2014년 10월 15일 초판 발행

저　자 / 장경윤 · 이화영 · 김양권 · 임영빈
발행자 / 오판근
발행처 / 교우사

주　소 / 서울특별시 동대문구 약령시로 8 교우빌딩 2층
전　화 / 925-2861(代), 편집부 / 925-2825
팩　스 / 925-2860

E-mail / kyowoo@kyowoo.co.kr
http://www.kyowoo.co.kr

등록 / 1994. 3. 24 제6-0256호

ISBN 979-11-251-0060-7 (94410)
979-11-251-0059-1 (세트)

값 15,000 원